名古屋ご近所さんぽ

Tsunetoshi Mizoguchi
溝口常俊 編著

風媒社

はじめに

名古屋で郷土を語るとなると、いきおい名古屋城や熱田神宮などの名所旧跡を取り上げ観光案内に資する内容となり、こうした書物が多数出版されている。本書出版の風媒社でも、古地図で楽しむ町歩き本がシリーズ化している。今年に入って、時代別に名古屋を知っていただこうという趣旨で3月に『名古屋の江戸を歩く』、6月に『名古屋の明治を歩く』が出版された。そこでは、絵図・地図・日記・写真などを見せ、おすすめスポットが紹介されている。

今後もこうした町歩き本の企画は継続されていくが、本書『名古屋ご近所さんぽ』は、名所旧跡の案内書ではなく、執筆者自身の趣味での町歩き、観光地でもない自宅周辺の散歩風景を綴った書である。読者全員が執筆者となり、ご近所を散歩して、私もふるさと紹介をしてみようか、と実践する気になっていただくのが、本書の主目的である。

カメラにはまるとこんなに路地歩きが楽しくなるのか。日出、日没前後がシャッターチャンス。ビルの反射光でできた「うそかげ」の不思議。暗渠に目をつけるなんて。ぶらぶら歩いて俳句をつくるなんて。街中の公園は散歩のオアシス。小さな公園でルーペ観察をしてみようか。新旧の地形図を持って町の変貌を確認してみよう。バスに乗って地名散歩をしてみよう。自転車散歩してぐんぐん走ってみよう。銭湯に荷物を預け街中の近代建築を見学しながらひとっ走り、そしてひとっ風呂。

上を向いて歩こう。都市景観の邪魔になると思っていた高速道路の高架も、とぐろを巻くヤマタノオロチに見えたりして、わくわくします。下を向いて歩こう。マンホールが町の歴史を語ってくれます。まずは図書館に行ってみよう。そこからこころおどる小さな旅が始まります。

こんな内容のご近所散歩が本書にちりばめられています。

名古屋ご近所さんぽ

目次

紙張地蔵尊
紙張地蔵尊
紙張地蔵尊

お散歩写真のすすめ

細い路地や看板、街路樹、自販機……ぶらぶら歩きで撮影テーマが見えてくる

お散歩写真の醍醐味は「出会いを楽しむこと」だ。あえて「映える」ことを狙う必要はない。撮り方や保存のちょっとしたコツを覚えて、街や人に挨拶するつもりで出かけてみよう。

西区城西

撮影 Miyako

駒田匡紀

（こまだ・まさき）名古屋市在住。フリーカメラマン。写真集に『名鉄揖斐谷汲線』『谷汲村の谷汲線』他。

写真の世界に飛び込んでから、かれこれ20年以上経つ。修行時代を経て、現在は依頼仕事を受けながらライフワークの撮影も続けている。その間、写真集も3冊出版したが、お散歩写真については初心者である。

今回の企画で実際にカメラを持って町を歩いてみると、毎回新しい発見があり、すっかりお散歩写真の楽しさにはまってしまった。

カメラを持って見知らぬ路地を歩いていると、挨拶を交わしたり、温かい声を掛けていただけるのも嬉しい。時には、町の様子を聞かせてもらったこともあった。

西区上名古屋

北区安井

中川区五月通

中村区太閤通

中村区賑町

中村区賑町

瑞穂区船原町

中村区太閤

早朝、夕暮れ時は、最も撮影に適している時間帯。

徒歩や自転車の移動も増えて、撮影を開始して2カ月ほどで身体もすっかり軽くなった。この原稿を書き終えても、きっとお散歩写真を続けているだろう。

撮り方のコツ

お散歩写真最大のポイントは、「力まず長く続けること」だと感じる。あえて「映える」ことを狙う必要はない。せっかくお散歩の途中で見つけた「良い被写体」を、苦労して変わった撮り方をするのはナンセンス。撮った写真は貴重な記録になる。まずは、なるべく全体が入るように簡単に撮ってみよう。時が経ち、写真を見直した時、どんな建物があったか、どこにあったのか思い出せるような写真を撮っておく方が後々の楽しみも増すはずだ。

【日没】

←【昼間】

時間帯を変えて撮った写真を見比べてみよう。灯りがつき特にガラス面に違いが出る。このような被写体は、明る過ぎても暗すぎてもだめ。店内の明るさと外の明るさが揃う僅かな時間帯が狙い目だ。

一歩進んだ撮影術

撮影のヒントをまとめおこう。

①まっすぐ撮ってみる

迷った時は正面から。まっすぐ、正面を意識するのは案外大事。

②撮るときの、距離感を変える

建物（お店）などの入り口だけ撮りたい、そういった時も離れて全体が入る場所からも撮ってみる。

③天候、季節を選ぶ

「晴天の太陽を背負う順光が良い」と考えられているが、きつい影がなくなる曇天の方が良い場合もある。

気になる建物を見つけた場合、時間帯、季節を変えて出直してみると見違える可能性がある。

④早朝、夕暮れ時を狙う

日出、日没前後は、特にシャッターチャンス。ガラスのショーケースや店内の様子が印象的な場

西区新道　福鶴

合、もっとも確実な撮り方は、夕暮れ時、日没直後から撮ればいい。この時間帯は、刻々と外の明るさが変化していくので、数分の間に、何度か撮っておくと、コツがつかめてくるはずだ。

　機会があれば、試してみよう。

しっかりとした保存が大事

　撮った写真は、貴重な記録だ。撮影データは最低限、どこで撮ったかがわかるようになっているのが好ましい。場所さえしっかり特定できていれば、数年後、同じ場所に行き、同じ写真を撮る楽しみも持てるだろう。

　僕は、今のところ、名古屋市のフォルダに区のフォルダをつくり、その中の、町名ごとのフォルダに保存している。あなたの撮った写真が詰まった記録装置、フォルダは、宝石箱のようなものだ。箱を開ける時、ワクワクできるように、すっきり整

千種区向陽

理しておこう。

テーマを意識してみよう

初めのうちは、目につくものをすべて撮っているかもしれないが、撮った写真を見返しているうちに、自分が興味のあるもの、得意なもの、好きなものに気がつく。

細い路地だったり、看板や、街路樹、アパート、販売機のある風景かもしれない。

自分の興味の対象がわかってきたら、ひとつのテーマができたようなもの。こうなってくると、撮った時の喜びや満足感は倍増し、テーマを意識して撮られた写真は、自然に完成度も上がっているはずだ。

そのまま続けていけば、オリジナリティ溢れる、唯一無二の記録ができあがっていることは間違いない。

無理なくあなただけの素晴らしい記録を積み上げてほしい。

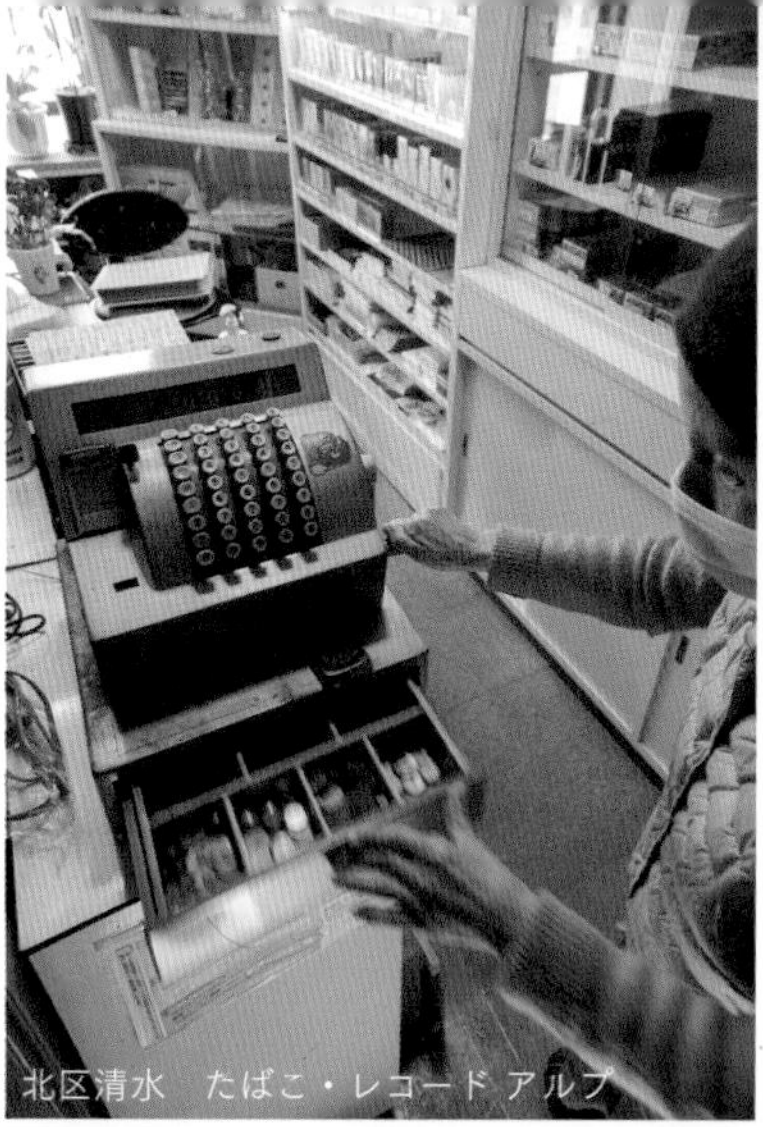

北区清水　たばこ・レコード アルプ

港区十一屋　喜久屋支店

中川区下之一色町　下之一色魚市場（2021 年 3 月閉鎖）

瑞穂区八勝通　八勝センター

東区赤塚　桜すし本店

屋根神さま、市場、商店街、人との関わり。
名古屋には残しておきたいと思うものがたくさんありました。

西区栄生

東区主税町

千種区山門

北区清水

西区幅下

半径1km散歩のすすめ

ふるさと1km圏のゆるり散歩観察で身近な郷土を再発見してみよう

自宅周辺1km範囲には、お寺や神社、川や橋がきっとあるはず。古い道やおもしろ看板などにも出会えるかも。お手軽でありながら、ディープな歴史散策の勧め。

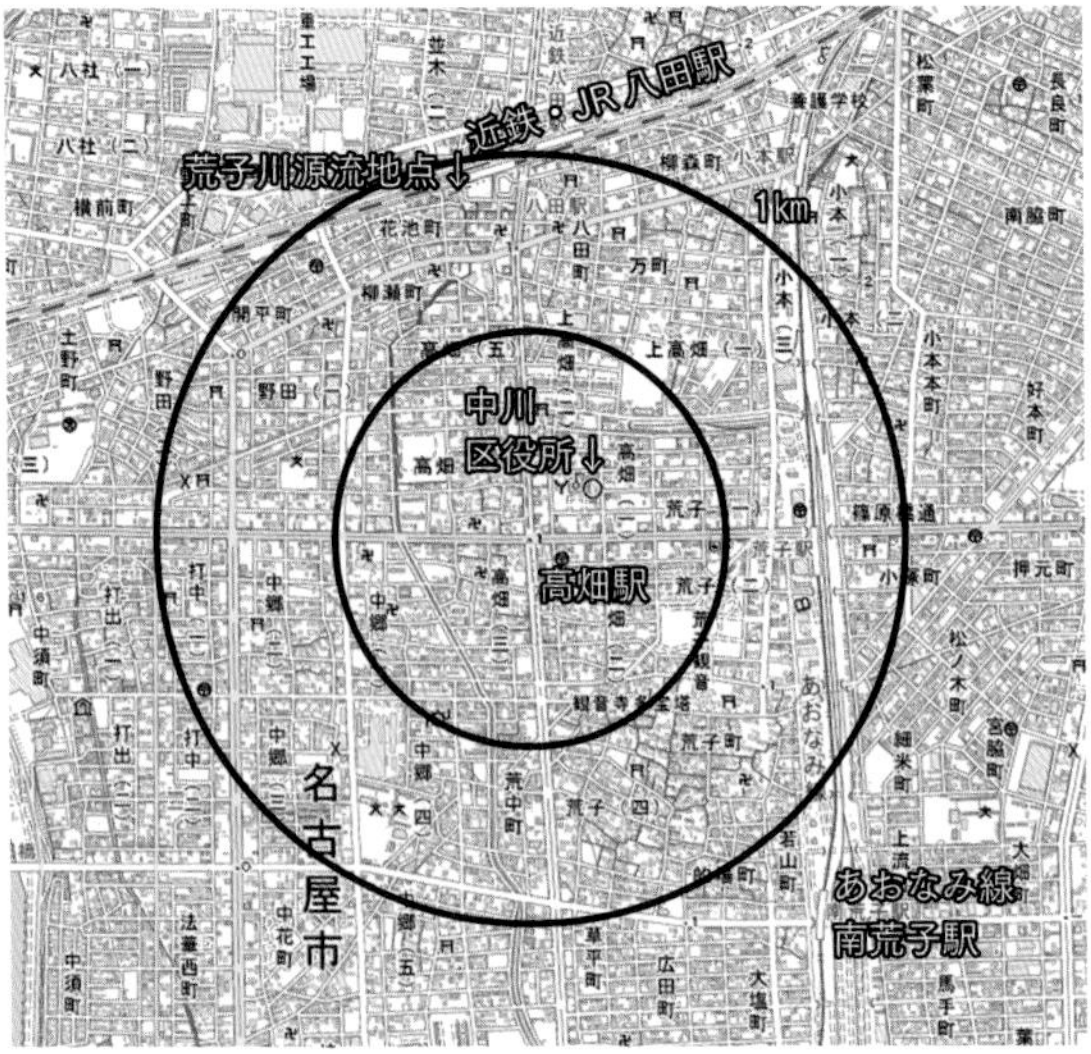

図1　自宅（地下鉄高畑駅前）周辺図　地理院タイル

自宅周辺の変貌

身近な郷土発見というテーマで、だれもが興味をもって語れるのは、自宅から1km圏内の散歩観察である。

自宅からの移動となると、通勤通学や買物など主要目的地までの往復が多く、意外とその範囲は限られている。ところが、こうしたルートではない違う道に足を踏み入れてみると、こんな身近なところに、こんな世界があったのかと目を見張らせてくれる。

その一例として、わがふるさとの中川区高畑町界隈を紹介したい（図1）。

戦後75年間、特に地下鉄高畑駅が誕生してから40年間で、これほど変貌をとげた町は名古屋市内でもめずらしい。

その昔、1950年代にさかのぼってみよう。

わが家から南西1kmにある荒子小学校・一柳中学校時代（1954－63）、私の通学路は、行きは田舎道、帰りは田んぼ道であった。高畑町には造園業者が何軒かあり、冬になると田んぼを掘り返して、畝がつくら

溝口常俊
（みぞぐち・つねとし）
名古屋市中川区出身。名古屋大学名誉教授。大学での主要講義は歴史地理学（1996-2014）。市政協力委員（2018-20）。散歩観察を勧めている。

れ、そこにバラや薬牡丹が植えられた。１９５９年の伊勢湾台風で海抜ゼロメートルの高畑は一面海になったが、集落部分は少々高い地にあったため床上浸水をまぬがれた。その後区画整理事業がすすめられ、田舎道は直線状の道路になり住宅地も増えたが、田と畑の農村景観はそのままであった。

図２　地下鉄高畑駅交差点
右の塔は中川区役所横の消防局

当時、都心の栄方面に行くには、市電の下之一色線に乗って荒子駅から尾頭橋駅へ出て江川線に乗り換えて行くか、徒歩で八田まで出て近鉄に乗車して名古屋駅まで行くか、ともに50分ほどかけての大移動であった。そんな田舎町のわがふるさと高畑であった。

それが１９７５年に中川区役所が

図３　あおなみ線荒子駅前の前田利家公初陣の像

それ以前にあった区の東部から中央部の高畑に移り、その7年後の１９８２年に区役所南西の交差点に地下鉄高畑駅ができた。消防局も区役所の隣に立ち、東海銀行（現・三菱ＵＦＪ銀行）、愛知銀行、いちい銀行も進出し、多数の飲食店、不動産会社も軒を連ね、急激に都市化が進んだ。地下鉄高畑駅は東山線の終点で、名古屋駅まで12分でいけることから、人口増加も激しく、住宅用の中高層ビルの乱立が続いている（図２）。

こうした環境変化の中で、２０１８年４月に高畑２丁目の市政協力委員を仰せつかってから隣近所の町歩きをする機会がぐんと増え、自宅から約１㎞圏内（東はあおなみ線荒子駅〔図３〕、西は庄内川、南は国道１号線、北は近鉄八田駅）をほぼ歩き終えた。

ふるさと１㎞圏散歩

まず驚かざるを得ないのが、人の

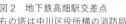

多さである。地下鉄駅前交差点の四方に8つのバス停ができ、南北大通り（通称、竪道）に沿ったわが家の玄関前が自転車置き場になったこともあり、賑やかになった。外国人の方ともよくすれ違うようになった。地下鉄駅前にはコンビニ2店が進出したが、数百メートル離れた東・北・南部の3カ所に大型ショッピングセンターができ、そこにも人が集まるようになった。東西大通り（八熊通）を歩いて目立ったのが飲食店の他、病院、薬局、鍼灸所で、高齢者にとっても安心できる町になった。また窓越しに勉強姿が見え、入口に「〇〇高校合格者〇名」と貼られた予備校も数カ所みられ、建物ではないが4、50m歩けば一口飲めるという自販機も数多く設置されていた。これら大通りから1本中に入った道沿いには老人ホームや介護施設が目立ったが、これも最近の大きな変化の一つであろう。

地下鉄高畑駅4番出口の交差点にロダンの考える人が空を見上げたような彫像「無限」（北村西望作）が設置されている（図4）。その目線の先に各種施設の案内看板が並んでいる。都会になった宿命かもしれないが、看板の無い美しい町にならないものか、と無限像は考えているのかもしれない。その功罪はさておいて、看板・ビラ探し目的で町歩きをしてみると面白い。公園近くには「犬・猫の糞は捨てないで」「梅の木は折らないで」とあり、「駐車禁止」「不審者警戒中」「防犯カメラ設置推進地区」も多い。おや？と思ったのが、地下鉄東の自販機で「こちらのゴミ箱は撤去いたしました」（図5）とあった。ゴミ箱を置くと飲み捨ての缶があふれて辺りに散らかり、回収業者が困るからであろうか。

図4　地下鉄高畑駅4番出口の彫像「無限」

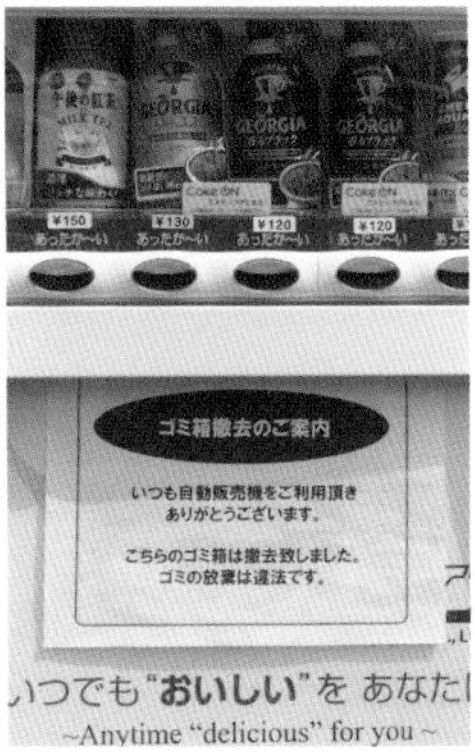

図5　自販機の「ゴミ箱撤去のご案内」

確かにこの自販機横は以前に比べて綺麗になったが、その他の町内の至る所で、特に道路中央の樹木が植わった分離帯へのポイ捨てゴミが目立つ。信号待ちの車で渋滞するからかもしれない。地下鉄高畑駅交差点から南100ｍの交差点まで、町内会役員の仕事として何度かゴミ拾いをしたが、その種類と量の多さに驚く。特に多いのが煙草の吸殻、飲み捨ての缶、ペットボトル、プラスチック容器などであるが、2020年以降目立ってきたのが使い捨てマスクである。コロナ禍予防のために「マスクを」と叫ばれ続けているが、それを「路上に捨てないで」とは伝えられておらず、守られていないのが残念。

図６　自動車通行不可表示

図７　旧家の中に茅葺屋根も

図８　道路に埋められた「犬千代ルート」

図９　前田利家誕生の地
（荒子城址）

さて、看板表示に戻って、「この道路は自動車の通り抜けができません」という表示（図6）を見て、今回は車でないから、歩いて中に入ってみた。荒子町の旧集落内である。高畑と違って区画整理がなされておらず、集落内は迷路のようになっており、立派な門と塀のお宅、茅葺屋根のお宅（図7）など江戸時代を思わせるような家が並んでいた。近年「犬千代ルート」の道案内（図8）が地面に埋められているので前田利家生誕の地の碑がある荒子城跡（図9）まで行けるようになった。中川区の「歴史的界隈」見学のお勧めの場所でもある。

お地蔵さんめぐり

　日本の集落の特徴は、どの村にもお寺とお宮があることである、と私は思う。2020年2月3日の節分の日に荒子観音に出かけたら、意外な感心する出会いがあった。

巨大円空仏が祀られている山門をくぐると正面が本堂、左手に名古屋市内で最古の建造物で国の重要文化財に指定されている多宝塔がある。NHK大河ドラマの「利家とまつ」で知られた前田利家の菩提寺でもあることから参拝客は多いが、今回節分に出かけてみて地元の方々にとってより重要だとわかったのが、山門をくぐってすぐ右手のお地蔵さんであった。右手に錫杖、左手に宝珠を持った2mほどの大地蔵のまわりに小地蔵が17体祀られている（1845年〔弘化2〕築造）。その地蔵さんに手を合わせてお参りされていた年配のご婦人が目に留まった（図10）。すべてのお地蔵さんに赤い毛糸で編んだ帽子と前掛けが付けられていた。観音さんの東隣にお住いの寺西正文氏によると、毎年冬になると近所のご婦人が寒さ対策のために着けてあげているとのこと。大地蔵と小地蔵の他にもう1体、大地蔵の背後にやさしく赤ちゃん2人を抱いているお母さん地蔵も見逃せない（図11）。江戸時代に各地でひろまった子安地蔵であり、ここでも多数のお母さんたちの心を慰めてきたことであろう。

図10　お地蔵さんに手を合わせるご婦人

図11　子安地蔵

本堂では「鬼は外、福は内」の掛け声とともに豆まきが繰り広げられていた。「鬼は外」と豆まきで追い出された鬼さんたちはどこへ行ったのだろうかというのが、長年の謎であったが、お地蔵さんたちが集まった小山に近づいてみたらその謎がとけた。鬼門に当たる北東だけでなく南東、南西、北西の四隅に鬼の石造がしつらえてあった（図12）。ここ荒子観音ではお地蔵さんをしっかりと守っていたのでした。

これを機に、ご近所散歩でお地蔵さん探しを始めた。路上でその姿はみいだせなかったが、高畑の盛福寺境内で小屋に鎮座するお地蔵さん、中郷の宝珠院で水子地蔵、野田の龍潭寺では前掛けをした六地蔵に出会うことができた。浄土真宗、真言宗、曹洞宗、（荒子観音は浄土宗）と宗派が違うにもかかわらずお地蔵さんがみられたということは、宗派の壁を超えた仏教の原点（「きょうも一日しあわせだったか」とのお声掛け）をお地蔵さんが担っているのか、と感心した。

　歩くと1時間ほどかかるが、中区橘町の栄国寺のキリシタン地蔵にも会いに行きたい。尾張藩はキリシタンにも寛大であろうとしたが、幕府の圧力に逆らえず1664年（寛文4）に約200人のキリスト教信者を処刑した。その霊を弔おうと二代目藩主徳川光友が栄国寺を建立、キリシタン地蔵をつくった。名古屋史談会『尾張名陽図会』六（1940年復刻）に栄国寺の境内図が載せられている（図13）。現在、本堂の一部が切支丹遺蹟博物館になっており、図中の切支丹塚の場所に出かけてみたら、地蔵尊が残されていた（図14）。異教徒にも寛大であったという名古屋が誇れるお地蔵さんが現在までその姿を残していることに感銘をうけた。

図 12　お地蔵さんを守る鬼

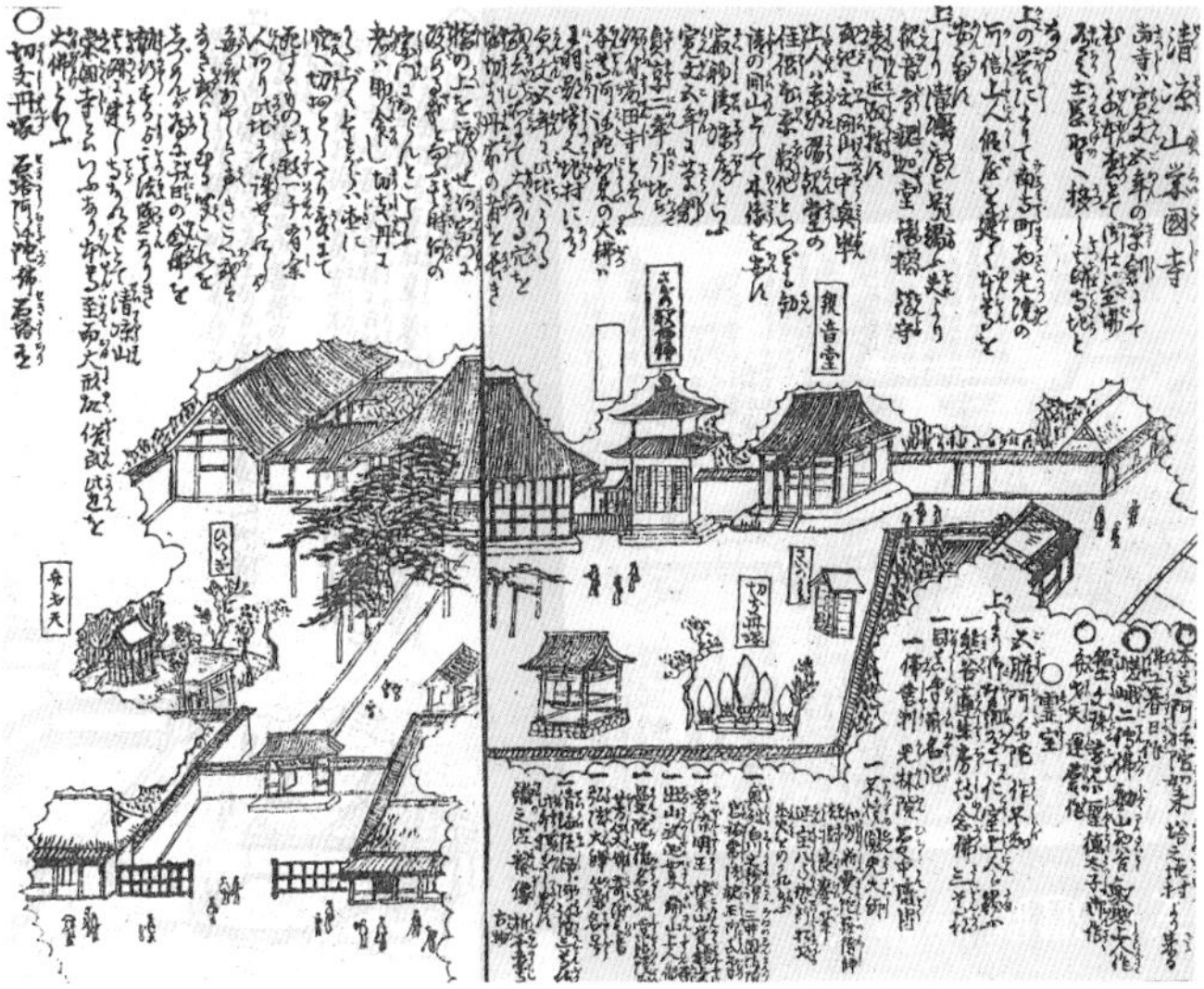
図 13　切支丹塚がある栄国寺　『尾張名陽図会』六

図 14　栄国寺のキリシタン地蔵

　自宅から1㎞圏内には寺あり、お地蔵さんあり、そして自販機ありであったが、必ず川も流れているはずだから、川歩きも楽しんでみたい。

　かつて小中学校への通学時には荒子川を渡らねばならなかったが、そこに架かっていた「出会い橋」という響きが記憶に残っている。そこで今回のご近所散歩のひとつとして荒子川の河口から源流まで歩いてすべての橋チェックをしてみたくなり、3月10日にあおなみ線で「稲永」駅まで行き、その近くで荒子川の河口に架かる一州橋にまず出かけた。橋からは名古屋港が見え、船が行きかう港風景を楽しむことができたが、橋を降りた居住地の通りの電灯柱に標高が「海抜1・4m」とあって驚いた。河口から6㎞も上流で内陸部にあるわが家の海抜が0m（図15）だったからである。河口よりも低い地にあるのか、高潮・津波の被害はわが家のある高畑の方がひどくなるのではと、身が引き締まった。

　ここで、地図上には出ていない橋も多かったので、河口から順に橋名を記しておきたい。

　荒子川河口の一州橋（図16）、次が金城ふ頭線に架かる大手橋、そこを川沿いに遡ると荒子川公園が始まり、フェニックスブリッジ、国道23号線（名四国道）に架かる荒子川東部高架橋、あおなみ線用の橋（図17）、荒子川パークブリッジ、そして公園の最

図15　わが家近くの海抜表示

図16　荒子川河口に架かり港が見えるのが一州橋

図17　あおなみ線用の橋

図18　竪道を横切る荒子川ライン

図19　暗渠になって近鉄線の地下へ流れる中川区最北の荒子川の源流地点

図20　無名の橋に屋根付きの休憩場

図21　川面までの階段

北端となるのが善進橋。さらに北に進み、新開橋、名古屋競馬場西のどんこ橋、柳瀬橋、東海通りに架かる入場橋、小碓中橋、荒子橋へと続く。

　国道1号線上の中島橋、北中島橋を過ぎると、地下鉄高畑駅方面から南に延びる竪道にぶつかり、道路上に斜めに線が引かれているその下をトンネルで横切って北上する（図18）。道路を超えて中島新橋、同じ名前で二つある二ツ橋、荒中橋（ここからわが家からの1㎞圏内に入る）、津金橋、筋違橋、寺起橋、中郷小橋、小山橋、郷下橋、出会橋、境橋、にの割橋、中柳瀬橋、上柳瀬橋、高瀬橋、八田中橋、そして荒子川最上流（中川区最北）の新八田橋を越えると、近鉄、JR関西線に当たり、水路は暗渠となり姿を消した（図19）。

　これら33の橋の他に、高畑公園の近くでは3カ所に無名の橋が付けられており、その中央に屋根付きの休憩場（図20）が設けられていた。また、川面まで下りられる階段が付けられ魚すくいや水遊びができる所もあった（図21）。水もきれいで、体長50㎝を超える大フナが何匹も泳いでいたり、亀も顔を出していた。「この放水は、荒子川のせせらぎ回復のため打出処理場の処理水をさらに浄化して壁泉として再利用しています」「甦る水100選（2000年9月27日）」との標識に納得した。

図書館からはじめる「地元旅」のすすめ

図書館から地域へ、現在から過去へ こころおどる小さな旅に出てみよう

「地域の知識バンク」＝図書館には、たくさんのアイディアが集まっている。地元旅の発信基地としてどんどん利用したい。

（上）南図書館「南区を知ろう！」コーナーと配布マップ。
（下）各図書館で入手できる町歩きマップの一例。

阪口泰子
（さかぐち・やすこ）
豊田市生まれ。司書。名古屋市南図書館長を最後に定年退職。現在南陽図書館に勤務。異動のたびに地元の郷土団体に入ってしまう悪癖？あり。

「地元旅」したいと思ったら……

あなたはまずどこを頼るだろうか。観光案内所？ 名古屋城や熱田神宮、よく知られている名所ならそれもいい。では、もっと身近な町中の、でも「知る人ぞ知る」歴史に触れたいと思ったら？ インターネットで探す？それもいい。でも、その前にぜひ、あなたの町の図書館に行ってみてほしい。図書館は、「地域の知識バンク」。鶴舞中央図書館や愛知県図書館のような大規模館でなくても、名古屋市なら20ある分館それぞれに「郷土資料コーナー」があり、時には

更に「区コーナー」をつくり、場合によっては中央館にもない地元のレアな資料を集め、情報発信している。

　ここでは名古屋市の分館のひとつ、南図書館を例にとって、図書館からの「地元旅」を提案したい。

マップを手に入れる

　南区は、ひとことでいうとすばらしくバラエティに富んだ区である。

　東は、弥生時代後期の「見晴台遺跡」を筆頭に、遺跡・古墳・貝塚跡がひしめき、「笠寺観音」の名で親しまれる古刹笠覆寺が建つ「笠寺台地」。その西には、かつて万葉集に詠まれた勝景・桜田や呼続の浜の名が残る沖積地。熱田から鳴海に抜ける旧東海道筋には、市内に残る唯一の「一里塚」や、重要文化財の本殿を持つ「富部神社」が面影を留める。さらに西は江戸時代に新田としてひらかれ、近現代には国道1号線や複数の鉄道が走る一大工業地帯として発展。一方で伊勢湾台風では未曾有の被害を受けた湾岸地帯。

　上代から現代まで、古き良きものを残しながら新しい歴史を加え、今日の南区の地勢はできあがっている。

「南区史跡散策路&暇回《ひまわり》散歩道」（南区役所発行）は、そんな南区の魅力を歩いてじっくり味わう5コース、日ごろの散歩にちょうどいい3コースで紹介した1冊。地元の郷土史家の協力を得た解説は、ビギナーにもわかりやすい。

「史跡散策路」は名古屋市全区にあるが、マップや解説はWEB掲載が主流になり、印刷物は減っている。しかし、南区をはじめ緑区、守山区、港区など、印刷発行している区のマップは、区役所まで行かなくても、実は各区の図書館で入手できる場合がある（常置されているかは各館の事情による）。また、それ以外の情報マッ

【名古屋市南図書館】
●名古屋市南区千竈通２丁目10-2　☎052-821-1732
1964年、地元の企業家田中均一郎の寄付により、名古屋市４番目の図書館として開館。1996年建替、南文化小劇場と合築の現在の建物となる。1959年９月26日、南区に死者1,417名の未曾有の被害をもたらした「伊勢湾台風」の記憶を収集し防災に生かすため、２階に資料室を併設、常設および企画展示をおこなっている。

（上）図書館外観
（中）伊勢湾台風資料室
（左）同資料室企画展示

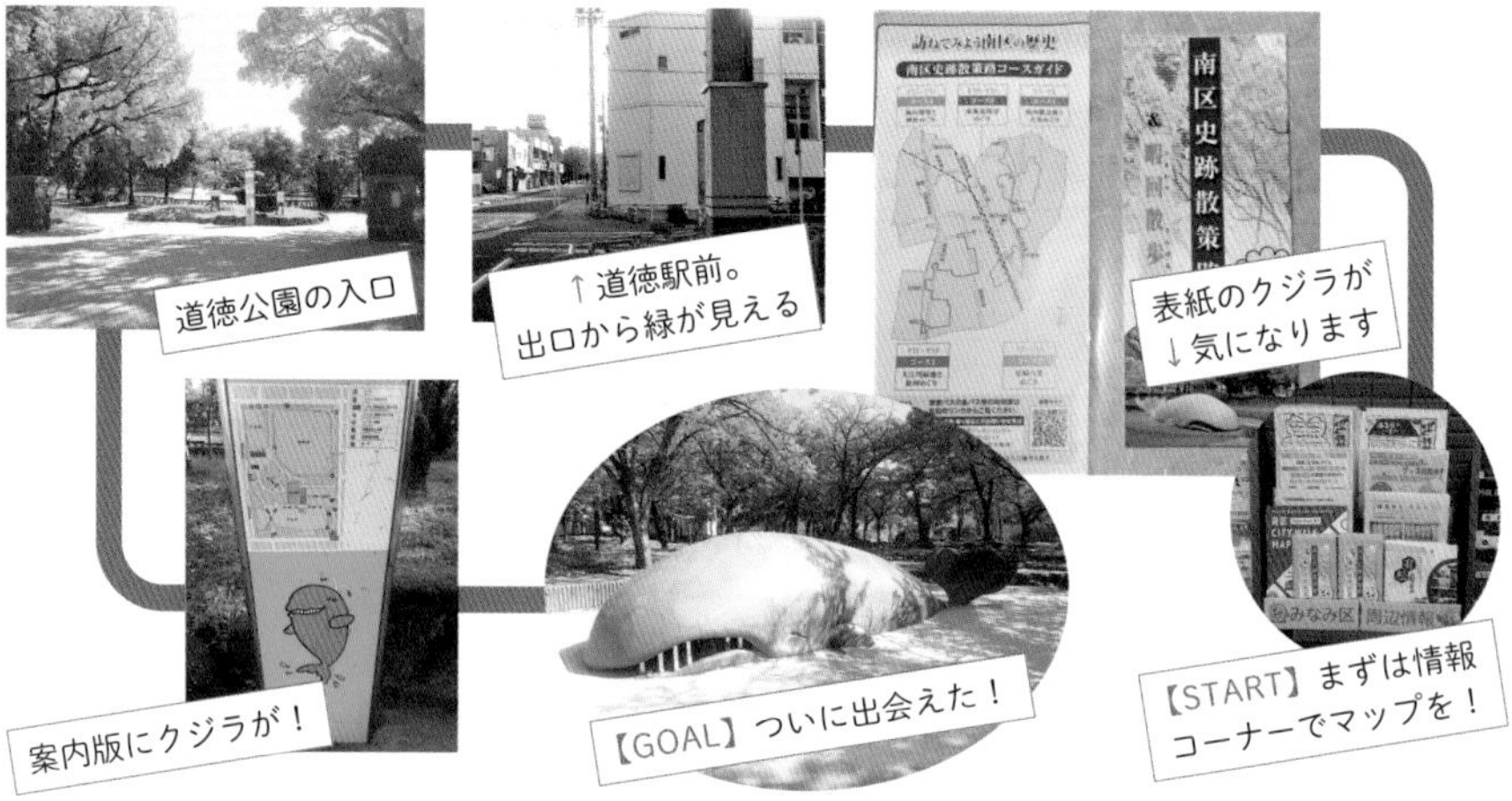

道徳公園の入口
↑道徳駅前。
出口から緑が見える
表紙のクジラが
↓気になります
案内版にクジラが！
【GOAL】ついに出会えた！
【START】まずは情報
コーナーでマップを！

プが隣区を含め置かれている所もある。史跡散策マップ、街並みマップ、時にはグルメマップなどの変わりだね？　も入手できる。

「地元旅」へGO！

南図書館では、1階ロビーの「南区トピックス」（区情報コーナー）や、図書館内の「南区を知ろう！」（区資料コーナー）横のレファレンスカウンターで、くだんのマップを入手できる。手にいれたら、気の向くままに「地元旅」に出てみよう。ルートに沿ってじっくり歩くのもいいし、気になるところをピンポイントで訪れてもいい。ルートは市バスを使って現地を訪れることができるように設定されているが、JR、名鉄など鉄道路線を使っても楽しい。

今回は、マップの表紙写真で不思議な存在感をかもし出している「青いクジラ」を見に行くことにした。

道徳公園は、マップのガイド文によれば区内でもっとも古い公園で、今年200年を迎える「道徳前新田」の開発者・鷲尾善吉の碑もあるらしいが、クジラについては道徳公園にあることしか書かれていない。

名鉄常滑線道徳駅前から西に見えるこんもりした緑のエリアが道徳公園。公園案内図にも（なぜかピンクの）クジラのマークがあった。案内図に沿っていくと…あった！　緑に囲まれたコンクリートの水なし池に泳ぐ青いクジラ。7、8mはありそうな巨体。子どもたちがまわりで遊んでいる。かたわらには解説も貼られていて、人気のほどがうかがえる。新田開発前、海だった頃にここからクジラの雄姿が見えたかは判らないけれど、伊勢湾台風の高潮も乗り越えて現在も愛されているその姿に、これまでの歴史をもっと知りたい、という思いがわく。

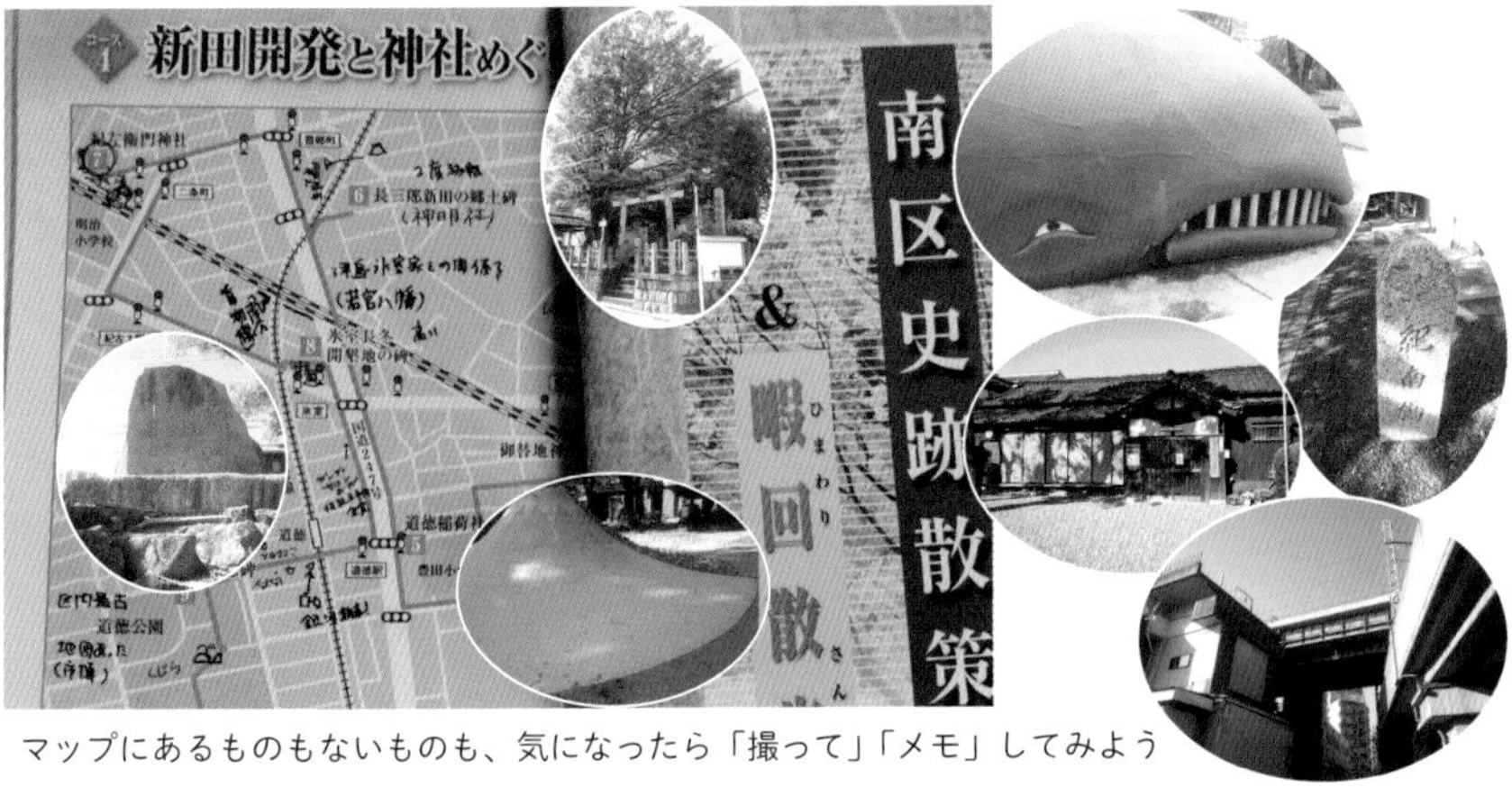

マップにあるものもないものも、気になったら「撮って」「メモ」してみよう

同じ園内の「鷲尾善吉顕彰碑」を見たあとは、マップに沿って近くのおすすめスポットを巡ってみる。あたりは現在完全な住宅街。「史跡散策路」ルートは、近隣住民に配慮してあることも重要ポイント。マナーに気を付けながら歩き、気になるものを写真に撮っていく。マップに紹介されているもの以外にも、「これなに?」「ここにもあったんだ!」がたくさんたまっていく。コンパクトな冊子状のマップは、途中で確認するのにも最適。気になるところを書き込んでいけば、自分だけの「マイ旅マップ」ができあがる。

情報を手にいれよう

マップを手に入れようと図書館に行ったのに、ちょうど品切れだった、もしくは置かれていなかった、ということもあるかもしれない。そんな時は、冒頭で紹介した各図書館の「郷土資料コーナー」「区コーナー」をぜひ活用してもらいたい。

各館で所蔵資料数に違いはあるが、コーナーには名古屋市・愛知県の資料がジャンルごとにまとまっている。市販されていない地元の研究者・団体が出した資料や、「史跡散策路」のようなパンフレットなどもあり、大半が貸出可能。郷土史講座のレジュメ、一枚ものの地形図や絵図(貸出不可)などが置かれていることもある。町歩きの前の下調べとして使うこともできるし、実際に歩いて「これなに?」と思ったものを更に深掘りしたい時の強い味方だ。

今回は、南図書館「南区を知ろう!」コーナーで、道徳関係の資料を調べてみた。「史跡散策路」を実際に歩いた手軽な入門書から、地元の研究者が膨大な資料を調査し、道徳公園ができた当初の写真や地図、開園の経緯などをまとめた資料(左写真）まで、いろいろと借りることができた。本のあとがきによれば、筆者加納誠氏はまさに「なぜ道徳公園にクジラがいるのか？」という疑問から研究を始めたのだという。1927年にはすでに公園にあったこと、最初は水の出る噴水だったことなどが記され、絵葉書やクジラの絵姿の掲載された地図も載っていた。

鶴舞中央図書館の郷土資料コーナーは、書庫合わせ約6万冊の蔵書数（複本含む）を誇り、名古屋の郷

南図書館所蔵の道徳関係資料。
『写真で見る道徳の昔と今―名古屋市南区』（加納誠、2008年）は、道徳の今昔情報がぎゅっと詰まった1冊。鶴舞中央、南図書館のみの所蔵。
なお、「道徳公園クジラ池噴水」は、2021年7月16日、国指定登録有形文化財（建造物）登録が決定した。

土史を学ぶ上では大変重要で欠かせない存在だが、重要さゆえに原則貸出禁止であるなど、利用制限は厳しくならざるを得ない。

一方で、分館の郷土資料コーナーの利点は、なんといってもその手軽さと、意外な？充実度にある。たとえば、最近の資料だけでなく江戸時代の地誌『尾張名所図会』など、古い文献までさかのぼって調べる時は「大きな図書館」に行かなければ駄目だ、と思っていないだろうか。実はそれらも復刻、影印、活字版などで多くの館が所蔵している。名古屋市史、愛知県史、名古屋叢書、小中学校誌など、分館の郷土資料でも実はかなりのことが調べられる。

他館にしかない資料を近くの館で借りられる「資料予約」制度や、「国会デジタルコレクション」など近年充実めざましいオープン

筆者の現在勤務する南陽図書館は名古屋で一番小さいが、基本の復刻・影印版や地域誌はきちんと収集されている。
ほとんど貸し出しているし、貸出不可でも、著作権にのっとった複写は可能。利用のマナーを守って活用してもらいたい。

南図書館書庫の学校史、郷土研究誌。残念ながら資料の切り取り、無断持ち出しも発生するため分館でもすべてを開架には出せない。

南図書館レファレンスコーナー。南区の古い地形図もある。右奥に南区コーナー、郷土資料コーナーが続く。

データをあわせて活用すれば更に便利だ。

また、図書館には「調べもの専門職」＝司書がいる。疑問は自分で解決するのが一番おもしろいが、手がかりに困ったら、調査相談（レファレンス）コーナーを活用してほしい。

情報を生み出してみよう

ひとり歩きでも十分楽しめる「地元旅」だが、図書館の歴史講演会や町歩きツアーでは、専門家やまちづくり団体、郷土史研究会のメンバーから「趣味を極めた」人まで、バラエティに富んだ講師の「知る人ぞ知る」貴重な話を聞くことができる。関連図書を集め、ブックリストを配り、貸出するといった基本はもちろん、写真展示、ワークショップなど、どの館も工夫をこらしている。

近年全国的に注目されている「ウィキペディアタウン」では、町歩きをしたあと図書館で資料を調べ、フリー百科事典「ウィキペディア」のルールを学び、記事を作成する、といったこともおこなわれている。図書館の資料を活用して、誰でも使えるオープンソースを自分自身が作成し発信する。

それは、地元を旅する「だけ」に飽き足らない皆さんの更なる楽しみになるかもしれない。

このほか、1階イベントスペース「ヨッテコ」に県内市町村のパンフレットを集めた「観光情報コーナー」を開設し、「二度目の旅は図書館から」と題するイベントや企画展示を随時実施している愛知県図書館など、地元旅の発進基地として使える図書館はたくさんある。

ぜひ、あなたの町の図書館から、手軽で楽しみいっぱいの小さな旅に出てほしい。

4つの記事を作成・編集した「ウィキペディアタウンin守山」。ほかに3館で実施。

守山図書館「守山コーナー」

港図書館「海と港の資料室」

愛知県図書館「観光情報コーナー」

中川図書館「中川区歴史と地図コーナー」「円空コーナー」

自然観察散歩のすすめ

近所の公園から東山動植物園まで身近な自然を求めてぶらぶらする

自然は遠くの山奥にしかないのではない。見えていても気づかないか、見ようとしていないのだ。身近な生き物を知り、見つけることは楽しい。

大高緑地自然観察会の様子
生き物を探して、ゆっくり歩く。

永田 孝
（ながた・たかし）
名古屋生まれ。県立半田東高等学校で生物を教えている。愛知県自然観察指導員連絡協議会副会長も務め、身近な自然観察の楽しさを伝えている。

自然観察会に参加してみよう

「ご近所さんぽ」のひとつとして自然観察会への参加を提案したい。

たとえば、名古屋市内の公園・緑地をフィールドにして、自然観察会を開催している、名古屋自然観察会という団体がある。小幡緑地（守山区）、猪高緑地・茶屋ヶ坂公園・牧野ヶ池緑地・明徳緑地（名東区）、平和公園・東山（千種区）、相生山緑地（天白区）、大高緑地（緑区）、庄内緑地（西区）の合計10カ所で開催中だが、開催日・集合場所・時間等の情報は、名古屋自然観察会のホームページをご覧いただきたい。

観察会と言っても、それぞれの会場をぶらぶら歩いて、目にとまった生き物を分かち合ったり、指導員から教えてもらったり。子どもたちは、虫捕りに夢中、年配の方々はきれいな花を愛でているという感じで、それぞれが、興味のあるものに目を向け、身近な自然を楽しんでいる。

　このように近所の自然観察会が、私たちの隣人である草花や虫たちを意識し、それを楽しんで散歩するきっかけを与えてくれるだろう。

さっそく実践してみよう

　大高緑地でおこなわれた2つの自然観察会に参加してみた。大高緑地自然観察会と地球ハグ倶楽部だ。

　名古屋自然観察会に属する大高緑地自然観察会は、ベテランのリピーターの参加者が多い印象だった。葉のかじりあとから、何の虫のしわざかをすぐ判断して教えてくれたり、彼らの豊富な知識には圧倒された。

　地球ハグ倶楽部は、親子連れでの参加者が中心で、昆虫や魚を捕まえたりして、本当の生き物を捕る醍醐味を満喫できる自然観察会だった。

　昨今では、ゲームやスマホのアプリで、見つけたキャラクターや生き物を集めるのが流行っている。ヒトには、元来採集本能があるようだ。

　それぞれの観察会には、それぞれの楽しみがある。自分の興味にあった自然観察会という散歩を、楽しんでみてはどうだろう。

地球ハグ倶楽部の活動では、
子どもたちがいきいきしていた。

大高緑地で見た生き物

トウカイコモウセンゴケ

湿地に生える食虫植物の一つ。夏に赤い花を咲かせる。園内には湿地が残されており、サギソウなどの湿生植物もみられる。

アミガサハゴロモのなかま

Pochazia shantungensisという外来種。赤い目に黒いマントは、とある映画キャラクターのようだ。セミに近い昆虫だ。

ハキリバチのなかまのしわざ

ハギの葉に空けられた丸い穴は食痕ではない。ハチのなかまが巣材として切り取った部分で、バラにもよく見られる。

ルーペを持って散歩してみる

身の回りの自然に興味が出てきたら、ルーペ持参で散歩してみよう。ゆっくり、生き物を探してぶらぶら歩く。あれ?何か小さな粒がある。この草…毛が生えているなあ。この小さいのって生き物なの?なんて思ったら、極小の世界を覗いてみよう。

最近ではスマートフォン用の接写レンズや、顕微鏡モード搭載のコンパクトデジタルカメラなど、マクロ撮影に適したツールが充実しているので、写真で楽しむことも容易だ。

極小世界を体感するための三種の神器。ルーペ、コンパクトデジタルカメラ、スマートフォン用接写レンズ。

ルーペで見た生き物図鑑①

マルツノゼミ
(ツノゼミのなかま)

ツノゼミは、セミに近い仲間の昆虫で、奇抜な形が面白いものもある。この時は、セイタカアワダチソウの汁を吸っていた。

ジクホコリ
(変形菌のなかま)

変形菌は、菌類を食べる捕食者のため、菌類による分解作用を鈍らせる。その形や色の面白さが目を引く。

セミノハリセンボン
(冬虫夏草の一種)

冬虫夏草は、昆虫の体内で菌糸を張り巡らせて、栄養を得る。胞子を作る子実体は、虫の遺骸から棍棒状に伸びるものが多い。

キノコのなかま

小さなものは、変形菌と紛らわしい。朽ち木の中から伸びていれば**キノコ**、変形膜で木に張り付いていれば変形菌。

【ルーペは目につけるのが正解】

虫眼鏡を使う時のように、対象物にルーペを近づけて見ようとする人が意外と多い。ルーペは目につけ、見たい物を近づけてピントを合わせてほしい。目につけていれば、広い範囲を見ることができるだろう。

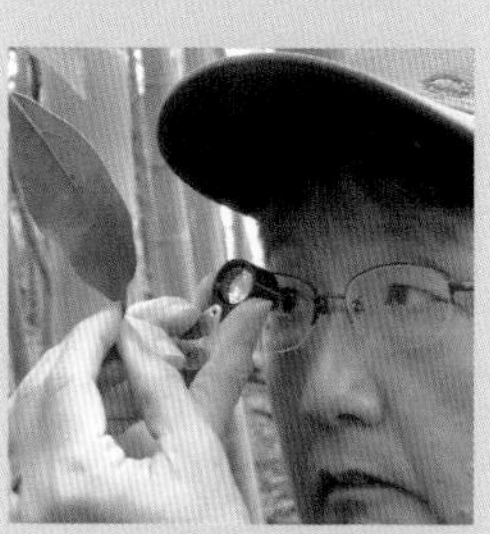

ルーペは目につけて!見たい物を動かすか、顔ごと動かそう。

ルーペで見た生き物図鑑②

オニノゲシの腺毛

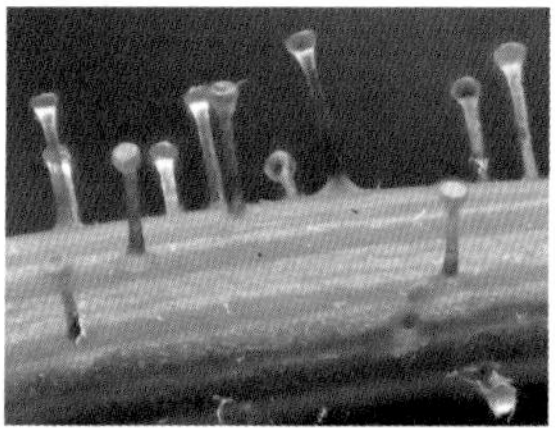

植物の毛の働きは、表面の保護ばかりではない。何かの液体を分泌しているものも多い。その液体の働きもさまざまだ。

ナガミヒナゲシの種子

植物の種子は、それぞれ運ばれるための工夫を凝らしている。この小さなタネには、風を受けるためのくぼみがある。

オタマジャクシのくちばし

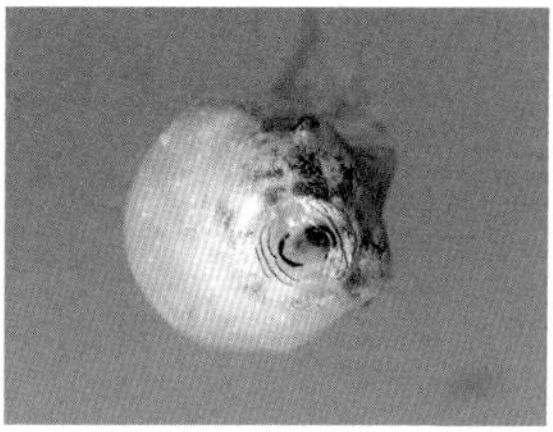

口の中には、黒く見える部分が何列もある。歯の代わりに岩についた藻などをこそげ取る、角質のくちばしが発達している。

カラスノエンドウの花外蜜腺

花外蜜腺は、花でも無いのに蜜を出してアリを引き寄せる。アリは、植物を食べる虫を追い払う用心棒となるのだ。

ウラギンシジミの卵

虫の卵の造形に注目。蝶がクズの花に産み付けたガラス細工のような卵の美しさ。蓋のついたカメムシの卵も面白い。

ホトケノザの閉鎖花

閉鎖花は、遺伝的多様性を損なう欠点もあるが、閉じた中で確実に受粉し、タネができる。蜜作りのコスト削減の利点も。

知らない世界がそこに

タネや草の毛、昆虫の卵等々…。ルーペで覗くと、これまで見えていなかった生物の見事なデザインに驚く。形の美しさや不思議さ、形の持つ意味を知れば、もっと見たくなる。

ツタの吸盤

植物が取りつく仕組みは、さまざまだ。粘液で貼り付く、引っかかる、巻き付く等々。このように吸い付くものまである。

コケの朔《さく》歯

コケは、胞子のう（朔《さく》とも呼ぶ）を作る。その内部に形成される胞子を放出する口の部分には、歯のような構造が見られる。

【自然の宝庫―東山植物園―】

東山植物園は、1937年（昭和12）の開園。現在に至るまでその施設の整備が進められてきている。

27ヘクタールもの広大な敷地に、世界各地から集められた植物が展示されている。特にバラ（239品種）、ツバキ（214品種）、タケとササ（47種）、ウメ（19種）とサクラ（105品種）、シャクナゲ（193品種）には、それぞれのテーマ園があり、コレクションが充実している。

国の重要文化財に指定された前館を有する温室は、2021年に補修整備が完了。珍しい熱帯・亜熱帯の植物を一年中観ることができる。

ビオトープも整備され、東海地方に分布する植物が、自然に近い状態で展示されており、市内でも貴重な場所。そんな植物園で、珍しい植物や、身近な生き物をゆっくり楽しみながら、散歩してはどうだろうか。

（括弧内の数字は、2017年調べ）

家族でにぎわう東山動物園に対し、
落ち着いた雰囲気の植物園。
ビオトープ園周辺では、
豊かな自然が観察できる。
生き物を探して、ゆっくり歩こう。

見てみたい世界の植物

ショクダイオオコンニャク

人の背を越す世界最長の花を咲かせることで有名。二日間ほどしか開花しないが、強烈な悪臭が花粉を運ぶハエを呼ぶ。

サルオガセモドキ

その姿は、胞子で増える地衣類のサルオガセに似ているが、パイナップルと同じアナナス科の植物。緑色の花を咲かせる。

マンドラゴラ

太い根茎が人の姿にも見える。西洋には、これを引き抜けば悲鳴を上げ、それを聞いた人は、発狂するという伝説がある。

見てみたい地元の生物

マルサカズキホコリ

ビオトープ園（東海の植物保存園）の奥には朽ち木が置かれている。これには変形菌のなかまが、よく発生している。

ヤマガラ

朝一番の植物園では、野鳥の姿がよく見られる。日本庭園の池では、望遠レンズでカワセミの姿を狙う写真家も見かける。

ヤマアジサイとフタオビミドリトラカミキリ

アジサイ園もあり、そのコレクションも見事。花々を訪れる身近な昆虫たちを観察できるのも、植物園の魅力の一つ。

シラタマホシクサ

東海地方の代表的な湿地性の植物の一つ。湿地園では、９月頃から長い柄の先に白く丸い花をつけた姿が見られる。

ホンゴウソウ

小さく目立たないが、珍しい腐生植物の一つ。名古屋市内では、初めて確認されたのが東山植物園。2019年８月のこと。

ヒナノシャクジョウ

葉緑体を持たないので光合成をおこなわず、菌類から栄養をもらう腐生植物。ホンゴウソウよりも少し早く園内で発見された。

園長やボランティアガイドによる観察会も催されている。

ハッチョウトンボ

日本最小のトンボ。雄は赤色、雌は黄色の体をしている。夏の朝早くに湿地園へ行けば、雌雄のペアに出会えるかも。

バス散歩のすすめ

バス停の名前をきっかけに地名散歩 地歴や人々の暮らしを再発見！

バス停の名前はどうやって決まるのか。町の名前とバス停の読み方が違うのはなぜなのか。バス路線から歴史を読み解く楽しみ。

溝口常俊
（経歴などは16ページ）

市バスに乗ってみよう

名古屋城下町の歴史を知るために、城（名古屋城）から宮（熱田神宮）への街歩きをしたり、身近な町を体感するために自宅から１㎞圏内の散歩をお勧めしたりしてきたが、ここではさらに視野を広げて、名古屋市域の全体像を「バス停地名」に注目して考えてみたい。

バスが名古屋市内をくまなく走っていることは知ってはいたが、私の移動手段は自家用車であり、わが家の目の前に地下鉄高畑駅ができてからは地下鉄に乗ることが多く、バスにはこの数十年間めったに乗ることがなかった。そんな私が、風媒社の町歩きシリーズ企画の一環として、バスに乗ること、バス地名を確認すること、車窓景観を楽しむためという目的で、地下鉄高畑駅から多加良《たから》浦《うら》行のバス（図１）に乗ってみた（2021.2.20）。庄内川河口近くにある終点から１時間後の帰りのバスで戻ればいいと思い、近くを散歩していたら、東の大通りに違う路線のバス停「神宮寺小学校」があり、港区役所行とあった。目的はバスに乗ることだから、そのバスに乗り終点まで行ってみたら一昨年に開業した大型ショッピングセンター「ららぽーと」の駐車場であった（図２）。数回車で出かけていたところであったが、道を挟んだ東側に「港区役所」があったことは知らなかった。帰りはそこから高畑経由八田行のバスに乗ったが、バス停

図１　多加良浦行のバス
（地下鉄高畑駅バス停）

名に「稲永駅」「稲永町」「稲永小学校」とあり、いずれも「いなえい」と読まれていた。バス停にはひらがなとローマ字読みが併記されているのがありがたい。ところが次の駅の「西稲永」は「にしいなえ」（図3）とあった。些細なことかもしれないが「にしいなえい」ではないのかと疑問に思い、名古屋市交通局の路線バス情報で検索してみると「にしいなえ」となっていた。これがきっかけとなり、名古屋市すべてのバス停地名を調べてみることにした。

バス停地名分析

名古屋にバス停はどれほどあるのだろうか。バス停の名称はいかに名づけられているのであろうか。名古屋市交通局の路線図に系統名と運行区間と系統路線図

図２　ららぽーとの駐車場がバス停「港区役所前」

図３　バス停「にしいなえ」

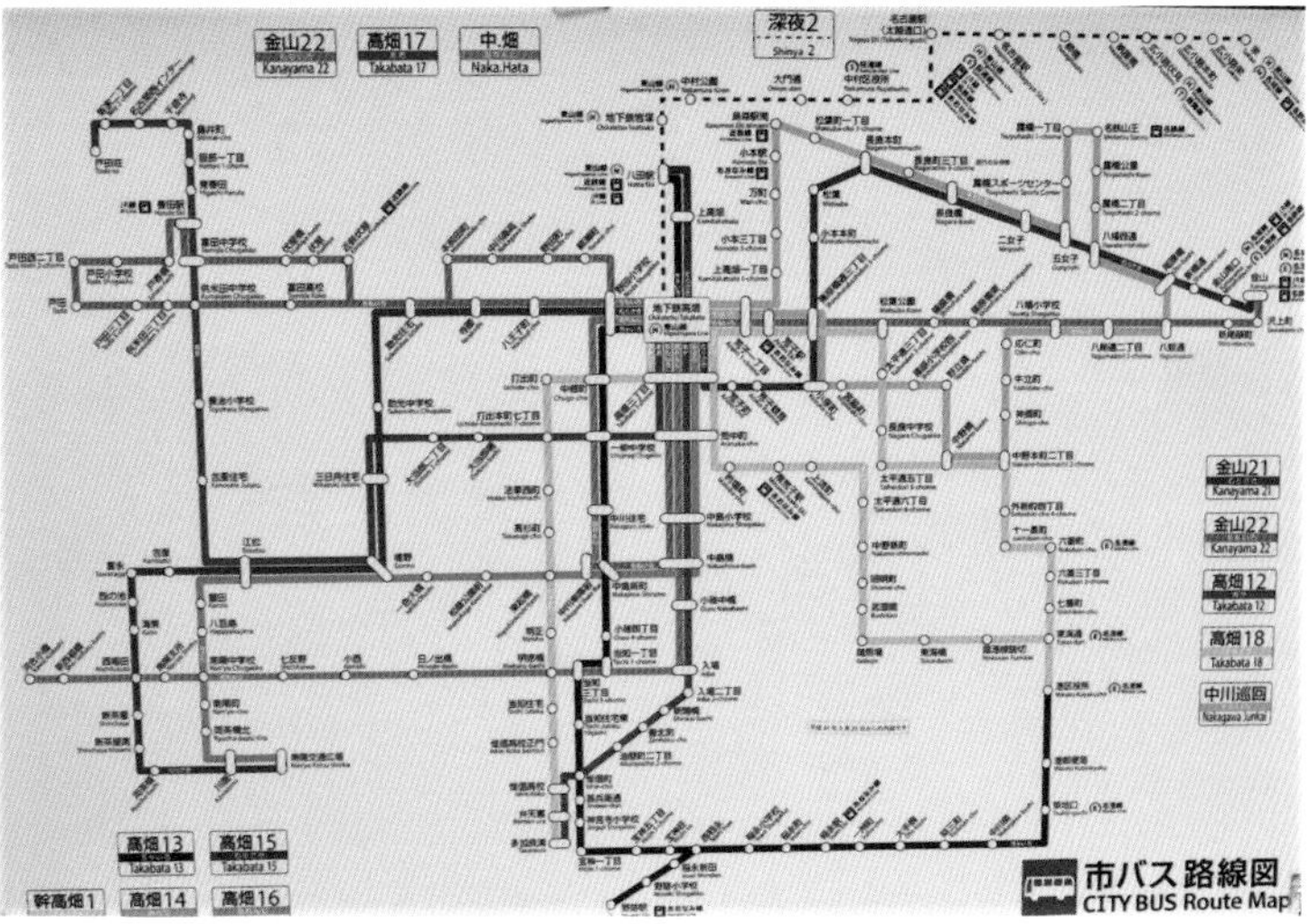

図４　地下鉄高畑駅発のバス路線図

が載せられている（https://www.kotsu.city.nagoya.jp/jp/pc/bus/routemap.html にPDFファイルがある。図4は高畑駅発着のもの）。系統は「基幹」「幹」「名駅他主要地名」「高速」「C-758」「深夜」「ゆとりーとライン」「千種他巡回」の8ブロックで合計357の運行区間があり、全バス停数を数えてみたら6831で、同じバス停名を避け、○○二丁目、三丁目…、○○東・西・南・北の場合は○○のバス停名だけにすると1327のバス停名があった。

1327のバス停名の中で重複数が最も多かったのが栄で72、2番目が名古屋駅の52、それに続いて大曽根（32）、金山（30）、黒川・港区役所（26）、地下鉄高畑（25）、上飯田・新瑞橋・神宮東門・熱田伝馬町（22）であった（以下略）。このことから、名古屋市の都心としての栄と、JR、私鉄ともつながり他域との交通の拠点になっている名古屋駅が、市バスの最大発着点になっていることがわかる。

ここでバス停の名称であるが、在住市民にとってわかりやすい名称であることが重要で、バス路線が敷かれバス停誕生の際は名古屋市交通局と有識者の総意でもって決められるが、その原則はバス停地点の町名採用である。

そこで、前述の1327のバス停名のうちのいくつかが町名と合致するかを名古屋市のホームページの区別町名（全2361）と照合してみたら、570のバス停が町の名をそのまま使い、410が町名＋施設名等を付けていて、併せて980（74％）が現町名ゆかりのバス停名であった。例えば、平針小学校、平針運転免許試験場のように。

それでは、現町名が使われなかった残りの347（26％）の名称は何であろうか。

図5　中川区役所前なのにバス停は「地下鉄高畑」

名古屋市全路線域で、最も多かったのが区名を使ったバス停で51、市名は14、県名は愛知県図書館、県教育会館、県精神医療センターの3つで、町名の中の字名が付けられていたのが11例あった。この他に現在は合併吸収で無くなったが、明道町や矢場町のような旧町名が残されていたバス停が29あった。

区役所は区民にとって訪問頻度の高い役所であるから、必ずバス停名があると思いきや、名古屋市16区のうち、中区、千種区、昭和区、中川区、天白区にはなく、中・千種・昭和・中川区では地下鉄駅名の栄、池下、御器所、高畑（図5）が優先されていた。天白区役所前は区の中央部に位置する地名「島田」であった。

　これら行政上の名称以外では、「○○橋」、「通」、「学校」、「病院」、「公園」、「池」、「寺社」、「住宅」が多かった。このうち「橋」と「通」は町名として多数使われていたが、そうした町名に採用されたバス停を除くと、その数は橋36、通20、小中高19、病院13、公園10、池7、寺社6、住宅5であった。

　その他に１０２のバス停が残ったが、「七里の渡し」（図6、7）、「文化のみち二葉館」などの観光拠点、「武道館」「博物館」「科学館西」などのスポーツ・学術施設、そして他者が場所を特定できない通称地名（中井、下切、上島、小西、東原など多数）がバス停名になっていた。

図６　芭蕉も訪れたという七里の渡しの常夜灯

図７　バス停「七里の渡し」

難解なバス停名

　名古屋の都心は、と問われれば年配の方なら誰しも「栄町」（さかえまち）と答えるであろう。だから、「町」は「まち」と発音するのが当たり前、と思っていたが、名古屋の町名にしろ、バス停名にしろ「○○町」のほとんどが「ちょう」であった。前述の町名をそのまま使ったバス停名５７０のうち、「ちょう」と発音されたのが５４６で、「まち」は24（内、○○本町が16、西町が4、新町2、元町1、南町1）に過ぎなかった。

　名古屋ではよく知られた地名で、町名、駅名、施設名の読みが違っていて戸惑うことがある。「鶴舞」は町名とJR・地下鉄駅名が「つるまい」（図8）で、バス停「鶴舞公園」は「つるま」公園であった（図9）。

　地下鉄駅名とバス停名は本山《もとやま》駅であるが、町名は本山《ほんやま》町と市の町名リストに記されていた。そこで、現地在住の鈴木健介氏に聞いてみたら、地元民は、市当局で示された「ほんやま」ではなく、日ごろ慣れ親しんできた「もとやま」町で通しているとのことだった。

　このように、地名の読みの難しさは誰しも頭を悩ますところであるが、「女子」も地元の方以外は読めないであろう。地下鉄高畑駅から金山行のバスに乗ると、「二女子」「五女子」というバス停がある。「じょし」とはいわず「ににょうし」「ごにょうし」であった（図10）。

　名古屋は広い。私が読み誤ったバス停名を追加しておこう。「杜若」（緑区鳴海町）と「吉根」（守山区）。杜若は豊田市に杜若《とじゃく》高校があるので、「とじゃく」と読んだら「かきつばた」であった（図11）。吉根は「きちね」、ひょっとしたら「きつね」かと思ったら「きっこ」であった（図12）。

　近年名古屋城下町の古地図解説をすることが多かったので、バス停「城下」をみて「じょうか」と読んだら「しろした」であった。それも名古屋城から離れた守山区名鉄小幡駅南西にあった（図13）。南区にも

図8　地下鉄駅は「つるまい」（中区）

図9　バス停は「つるまこうえん」

図10　バス停「ににょうし」、次は「ごにょうし」（中川区）

図11　バス停「かきつばた」（緑区）

図13　バス停「しろした」（守山区）

図12　バス停「きっこ」（守山区）

図14　南区の町名「しろしたちょう」

笠寺観音の近くに町名として「城下町」があり「しろしたちょう」とルビがふってあった（図14）。この界隈には「城」地名が多く、城下町の南に松城《まつしろ》町があり、さらにその南に「本城《ほんじょう》中学前」というバス停（図15）があった。南区役所で閲覧させていただいた「南区の地名」によると、「本城は星崎城を言い、戦国時代名古屋南部から知多半島北部を代表する城であった。……笠寺台地には十の城があった」とのことである。

中区の北西端にある名古屋城は北区と西区に接している。この三区に「城」のついたバス停が多数（15）あるのは納得するが、3区以外にも8カ所（守山区3、千種区・中村区2、南区1）あり、尾張名古屋は名古屋城だけではないことをバス停が教えてくれた。

図15　本城中学前バス停

サイクリングのすすめ

知っているつもりのいつもの風景も サイクリングしてみると意外に面白い

少々の下調べをしてから走ってみよう。すると、サイクリングで出会う歴史的建造物や地形の変化などが新しい顔をして目の前に現れてくる。

庄内緑地の自転車道

きれいな風景の新川中橋の西付近

左は矢田川、右が庄内川。
中央の堤防道路は新川中橋で行き止まりになる。

木村雄二
（きむら・ゆうじ）
名古屋生まれ。自転車に乗った視線で街づくりに取り組むNPO市民・自転車フォーラム理事長。自称アウトドア大好き人間。

意外に知らないサイクリングロード

庄内川水系の矢田川は昔は茶色く濁っていた。毎年せともの祭がある瀬戸の目抜き通りの真ん中を流れる瀬戸川は、「陶土」の排出土砂の関係かどうかわからないが、茶色く濁っていた記憶がある。その瀬戸川が、陶器の窯元もあった場所を流れる赤津川と瀬戸市西部浄化センターあたりで合流して矢田川となる。そして庄内川橋で庄内川と合流し、矢田川の名称がなくなる。

地図表記で矢田川の表示があるのは約17・5㎞。昔と違って水もきれ

庄内緑地公園から瀬戸川、赤津川合流点までのコース簡略図

いになった矢田川をサイクリングしてみた。

スタートは庄内緑地。ここは公園内に1周2・3kmと1・8kmのサイクリングロードがある。ジョギングやウオーキングをされている方も多いので、走行には注意が必要だが、よく整備されている。

すぐ南の河川敷にはサイクリングロードがあるので矢田川をさかのぼってみる。といってもこの辺りはもう庄内川だ。左岸というべきか、矢田川の左岸堤防道路は片側1車線で路側帯もない。高速道路状態の危険な道なので、整備されたサイクリングロードがある庄内川右岸を走行する。

すぐ横には庄内川ゴルフ倶楽部。530ヤードのロングホールもあり、手引きカートで18ホール。河川敷につくられたゴルフ場だ。調べてみると昔は流れが異なり、成願寺町から中切町、福徳町の南端を流れていたらしい。そういえば城北つばさ高校(旧県立愛知工業高校)前の道路は微妙にカーブして、まるで川の流れのような形状をしている。またこのあたりは川中町といい、国道41号にかかる橋は新川中橋。

いつも思うことだが、調べて知識を持って走ると知っている場所がまったく違った感覚で見られて新鮮だ。

野球場や、ラグビー場など広がる洗堰公園は洪水の場合、名古屋城下の被害を回避するために庄内川の放水路として新川を開削するにあたってつくられた越流堤。東海豪雨後に流入量を減らす工事がおこなわれた。この箇所は堤防道路が河川敷のサイクリングロードと同じレベルになり、また上にあがるので、よくわかる。

天然プールの碑には子どもたちが魚釣りや水泳で遊んでいたと記されている

写真奥の建物がポンプ場。ここに天然プールといわれた貯水場があった

樋門

三階に橋があるってどういうこと?

新川中橋までは赤色の快適舗装路だったが、ココを境に舗装の色がアスファルト色に変わる。でも快適に走ることができる。いったん堤防道路まで上がり、自歩道専用のふれあい橋を渡っていよいよ矢田川の左岸を走る。広い輪中の真ん中をサイクリングロードが通っている。次の橋は三階橋。変わった名前の由来は三階に橋があること。どういうことかというと、実は矢田川の下に庄内川の水分橋から取り入れた水(実は堀川なのだが、この辺りは黒川という)が流れており(伏越→水を流すトンネル)、これが1階、矢田川が2階、橋が3階となるので三階橋という。伏越には樋門がある。1978年に三階橋ポンプ所ができる前までは黒川、庄内用水、御用水に分流するために貯水池があって、天然プールといわれていた。また三階橋も新しくなり、慢性的な渋滞も解消したようだ。

樋門を観に行く際は、高速道路状態の左岸道路を横断し、戻るように走らなければならない。厳重な注意が必要だ。

大洪水で分断された2つの境内

国道19号の天神橋をくぐり快適に走る。所々にある低木は何だろうと思いながら……。JR中央線を通過してから道が何筋かに分かれる。右手の堤防道路にこんもりとした木々の先が長母寺への進入路だ。たどり着くのに堤防道路のすぐ脇の舗装されてない道（踏み固められている）を走って横断歩道を渡る（とにかくこの堤防道路は走るのも渡るのも要注意）。

Uターンするようなイメージで公園を通り過ぎると長母寺だ。中興開山した無住和尚の説教に発する「尾張万歳」発祥の地といわれている。

昔の矢田川は長母寺の南を流れており、対岸の守山区にある守山城跡や宝勝寺と陸続きだったが、1767年（明和4）の大洪水で流路が現在の形になって分断され、長らく守山村（現守山区）の飛び地だったそうだ。

考えてみれば矢田川橋手前を守山方面に向かう時、川の流れのようなカーブがあるが、それが昔の流路とか。城北つばさ高校前と同様、矢田川の痕跡を感じられる場所が存在し、そのまま（…かと思う）活かされて道になっていることが何だか興味深い。

桜並木が美しい御用水跡街園

開山は1262年（弘長2）の長母寺

徳川家とも縁が深い宝勝寺

左側の長母寺と右側の宝勝寺の間を流れる現在の矢田川

川辺が変われば町も変わる

河川敷へ引き返し、さらに川上へ進む。大幸《だいこう》公園野球場を左手に見て、宮前橋に到着。この辺りはよく整備されていて気持ちよく走ることができる。次の千代田橋は橋下高が低いので一瞬ドキッとするが、このまま進めば香流川のサイクリングロードに進みそうなので、千代田橋を渡り、右岸を走ることにする。

右手に名古屋市環境局猪子石工場が見える。ベンチが所々にあり、のどかな公園の中を走っているような気分だ。道路の右側にガイドがあるので視覚的にも走りやすいが、小原橋でそれが途切れしばらくして二股を左に進む。右に進むと行き止まりでループになっていて戻る形になる。これはおもしろい。

そして少し悪路の堤防道路を走行し、矢田川の支流か用水かわからないが、小さな橋を渡り再び悪路を走ると河川敷に下りられるので戻る。

名二環を通過し、また快適な道になる。再び堤防の上へ。一気に俗世界に戻るような感覚になるが、また河川敷に下りられる。瑞鳳橋を越えると舗装がなくなるが、しばらくするとまた舗装路だ。小さな用水路を越えた辺りから右手に見えた矢田川が見えなくなり、田舎道を走っているような気分だ。稲葉ふれあい小橋という小さな看板があり、直角に曲がって小さな橋を渡る。

最も橋下高が低かった千代田橋

走行しやすい道路脇のガイド

河川幅をうまく利用している

トイレの案内看板を過ぎ、稲葉橋を越えると今まで公園の中を走っていたのが、ただの川原の感じになってきた。左手には工場が建ち、堤防も低くなってきたし、右手の矢田川はほとんど見えない箇所が続く。視界が開けたらすぐ横を矢田川が流れている。水もきれいだ。右手にニトリの看板が見えてきた。国道363号沿いにある店舗だ。そして西本地橋を越えて堤防を上がるカタチでサイクリングロードは終わる。

ココが矢田川の合流地点だ。左手

道路線形も路面状況も刻々と変わるサイクリングロード

庄内緑地南▶

三階橋西▶

天神橋西▶

小原橋東▶

名二環東▶

西本地橋東▶西本地橋

が瀬戸川、右手が赤津川。地図上ではここから矢田川と表示される。
　河川敷を走行するだけなので退屈かもと思ったが、期待を大いに外してくれた。
　コースを定めずにふらりと走るのが本来の自転車散歩かもしれないが、ほんの少しテーマを持って走ってみよう。自転車散歩をより楽しく続けられる秘訣かもしれない。

澄んだ水が美しい左が瀬戸川、右が赤津川。
矢田川という名称はここから始まる。

【自転車の楽しさをもっと実感してみよう!】

木村雄二『東海 自転車さんぽ』(風媒社) では、ほかにも近場の多彩な自転車散歩コースを紹介しています。近代建築や古墳めぐりをはじめ、水源を目指して川沿いを走るコースや、サイクルトレインを使ったロングコースなど。[掲載エリア] は、名古屋・愛知・岐阜・三重・滋賀。2013 年刊の姉妹編『ぐんぐん走ろう!東海自転車旅』(木村雄二、風媒社) とともに、ぜひサイクリングの参考にしてください。

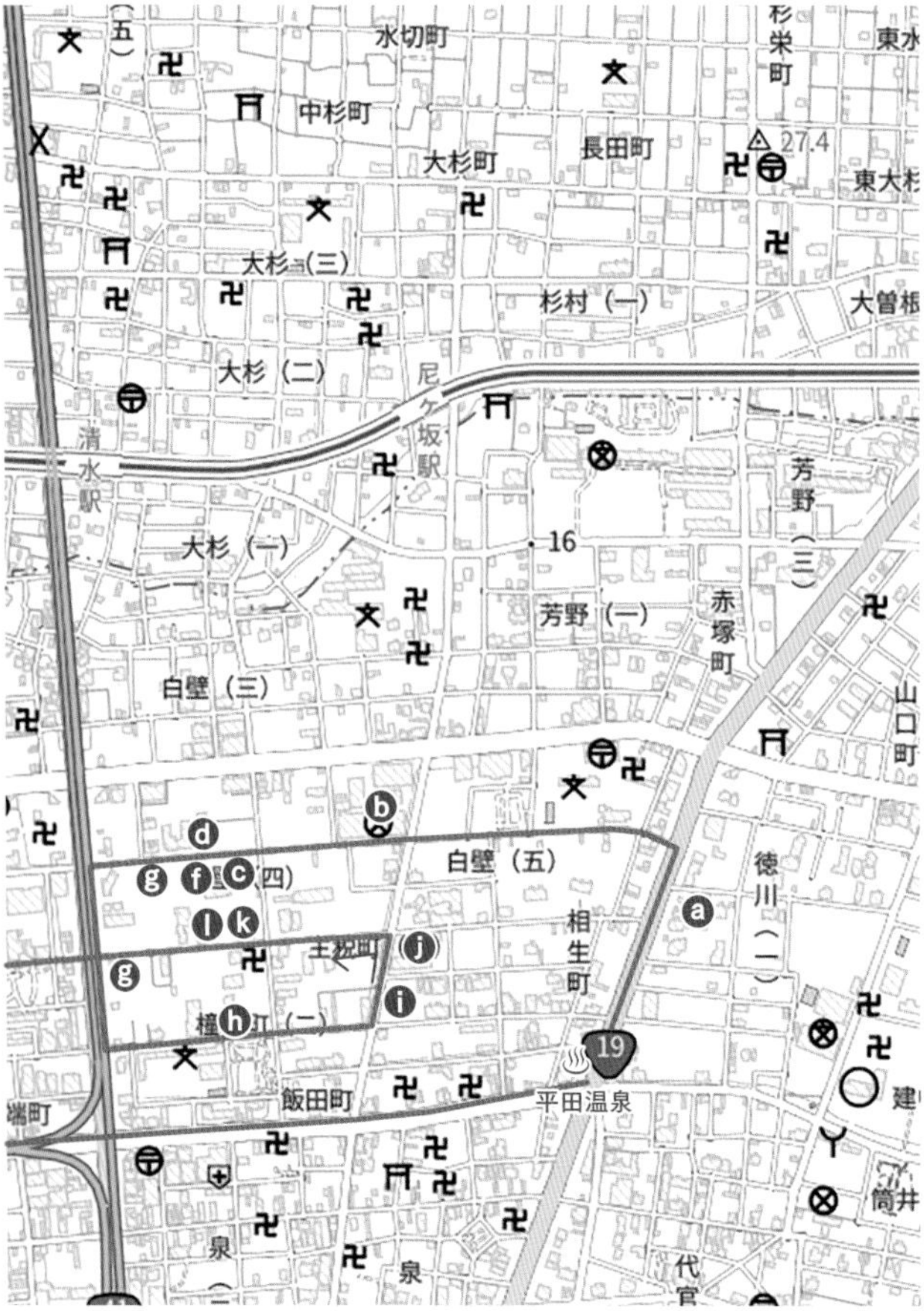

銭湯を起点にジョギング&ウォーキング運動後にはランナーズ銭湯でひとっ風呂

白壁・主税・撞木町の街並みで近代建築を楽しむコースと、名古屋城・名城公園エリアで公園の自然を楽しみながら運動できるコースを紹介する。

加美秀樹
(かみ・ひでき)
愛知県生まれ。文筆家・写真家・美術家。考現学を実践しつつ、黄昏散歩に勤しむ。邦画、歌謡曲、着物、銭湯などの旧き良き日本文化を愛する昭和の男。

まちのお風呂屋さんでは現在、利用者に対して多様なサービスを展開している。その中のひとつに、ランナーズ銭湯というサービスを提供しているところがある。

銭湯に荷物を預けてジョギングやランニングに出かけ、走り終えたらさっぱりと汗を流して湯船に浸かり疲れを癒す。そんなスポーツジムのロッカー代わりの使い方ができるのがランナーズ銭湯の魅力であり、心置きなく走った後に銭湯で心身共にリラクゼーションが味わえる安心で庶民的なサービスだ。

事の始まりは、皇居の外濠をジョ

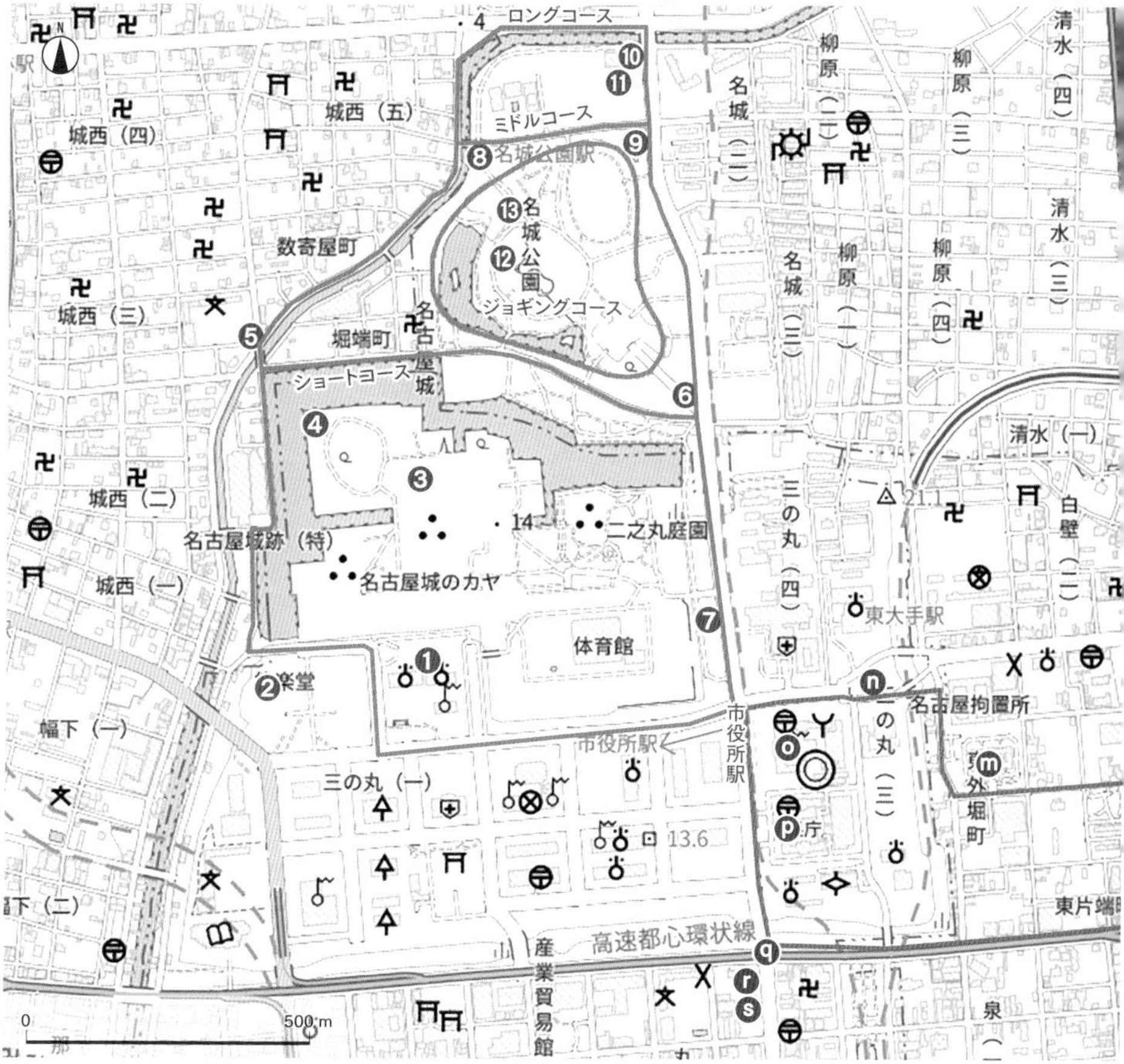

コース簡略図　地理院地図を加工

♨平田温泉

ギングやランニングする人を対象に、近隣の銭湯が脱衣箱をロッカー代わりに開放してランニングステーション（通称ランステ）のサービスを提供したというのがランナーズ銭湯の起源といわれている。

ここでは、名古屋市東区にある銭湯「平田《へいでん》温泉」を起点に、文化のみち白壁・主税・橦木町界隈と名古屋城・名城公園周辺をめぐるコースを一例として設定してみた。

＊ジョギングは時速6㎞、ウォーキングは時速4㎞で所要時間を計算。距離、時間とも概算。

ⓒ料亭か茂免

ⓑ金城学院高等学校榮光館

ⓐ名古屋陶磁器会館

ⓔ櫻井家住宅

ⓓ旧豊田利三郎邸門塀

◉白壁・主税・橦木町エリア
(街中の近代建築を楽しむコース)

まずは、近代日本を支えた起業家・財界人が暮らし、今も明治・大正・戦前昭和の建物が残る、文化のみち白壁・主税・橦木町界隈をめぐってみよう。

平田温泉のある平田町交差点から国道19号線を北上して平田町北交差点を通過し、右手にクリーム色のタイルで覆われた名古屋陶磁器会館ⓐが見えてきたら、その先の白壁筋を左折して西に進む。

目前に白亜の金城学院高等学校榮光館ⓑを捉えたら、早咲き桜みちを渡ってさらに白壁筋を西へ。

料亭か茂免ⓒ、旧豊田利三郎邸門塀ⓓ、櫻井家住宅ⓔ、文化のみち百花百草ⓕを左右に見ながら突き当たりの国道41号線を左折して南下し、カトリック主税町教会ⓖの前を通過した先を左折して橦木筋を東へ。

ⓖカトリック主税町教会

ⓕ文化のみち百花百草

ⓘ文化のみち二葉館

ⓗ文化のみち橦木館

文化のみち橦木館ⓗの先に文化のみち二葉館ⓘが見えたら飯田町北交差点を左折して北上。

次の主税町4交差点の東側に江戸末期の主税町長屋門ⓙを見たら、そこを左折して主税町筋を西へ、右手に旧豊田佐助邸ⓚと旧春田鉄次郎邸ⓛを眺めながら、先の主税町3交差点で国道41号線を渡って名古屋市市政資料館ⓜの前を通り、突き当たりの外堀を北上。

ⓚ旧豊田佐吉邸

ⓙ主税町長屋門

ⓜ名古屋市市政資料館

ⓛ旧春田鉄次郎邸

清水橋東交差点を左折して出来町通を西へ、清水橋ⓝを渡って先に進めば名古屋市役所本庁舎ⓞとその南に愛知県庁本庁舎ⓟがそびえる市役所交差点に到着。

ⓞ名古屋市役所本庁舎

ⓝ清水橋

ⓠ大津橋

ⓟ愛知県庁本庁舎

ここまでの距離は3㎞で、所要時間はジョギングで30分、ウォーキングで45分相当となる。

ここから平田温泉に戻る場合は、市役所交差点から左手に市役所と県庁を眺めながら大津通を南下し、外堀に架かる大津橋ⓠを渡った右手先に愛知県庁大津橋分室ⓡと伊勢久ⓢの建物が見えたら大津橋交差点を左折して、外堀通を東にまっすぐ進めば平田町交差点までは1・8㎞、ジョギングで18分、ウォーキングで27分。

ⓢ伊勢久　ⓡ愛知県庁大津橋分室

次の名古屋城・名城公園コースへ足を延ばす場合にも、この帰路コースを利用する。

◉名古屋城・名城公園エリア
（公園の自然を楽しむコース）

ここからは、名古屋城と名城公園の周辺をめぐるコースへと進んでみよう。

市役所交差点からスタートして出来町通を西へ、名古屋城前交差点から北に折れて右手に金シャチ横丁義直ゾーン❶、左手に名古屋能楽堂❷を見ながら突き当りを左に曲がり名古屋城正門前を通過。

坂を下ってた先を堀に沿って北上し、右奥に名古屋城天守閣❸、手前に名古屋城西北隅櫓❹を見ながら堀の北端に位置する筋違橋❺まで進む。

この先は、距離の異なる3コースの設定となる。

まずショートコースは、筋違橋の手前から堀の北端を右に折れ、天守閣と藤の回廊を右手に見ながら東に進み、富士山噴水❻のある名城公園南交差点で右折して大津通を南下し、金シャチ横丁宗春ゾーン❼の脇を通って市役所交差点までの一周が2・5㎞、ジョギングで25分、ウォーキングで38分。

❷名古屋能楽堂

❸名古屋城天守閣

❹名古屋城西北隅櫓

❺筋違橋

❻富士山噴水

❽中土戸橋

次のミドルコースは、筋違橋を渡って桜並木の堀川沿いを北東へと進み、中土戸橋❽を渡って名城公園北園の外周をトレースしながら、名城プール❾北側の名城公園北交差点から大津通に出て南下する一周が3・5㎞、ジョギングで35分、ウォーキングで53分。

最後のロングコースは、筋違橋から堀川を遡って大津通の城北橋❿を渡り、メタウォーター下水道科学館なごや⓫の前を通って大津通を南下する一周が4㎞、ジョギングで40分、

⑩城北橋

⑨名城プール

⑫オランダ風車

⑪メタウォーター下水道科学館なごや

ウォーキングで60分。

さらにジョギングやウォーキングを楽しみたい場合は、名城公園内に100mごとの距離表示板が設置された土の路面の周回ジョギングコースが整備されているため、運動に物足りなさを感じたら是非とも活用してみよう。

ジョギングコースの距離は一周1・3km、ジョギングで13分、ウォーキングで20分。走者は左回り厳守、徒歩なら右回りも可。

なお、緑豊かで四季折々の花が園内を彩る名城公園には、フラワープラザ、野外ステージ、野球場、プールなどの公共施設があるほか、御深井池、芝生広場、四季の園が整備され、オランダ風車⑫や「青年像」⑬など多彩な屋外彫刻、モニュメントも設置されていることから、時間に余裕があれば休憩しながら園内散策も併せて楽しみたい。

⑬青年像（野々村一男 作）

【平田温泉】 名古屋市東区相生町38　☎052-931-4009
15：00～22：00（21：30までに来店）　火曜定休
入浴料金　大人（中学生以上）440円、中人（小学生）150円、小人（小学生未満）70円、サウナ100円
最寄の交通機関は、地下鉄桜通線高岳駅から徒歩15分、市バス平田町停留所からすぐ。「ランナーズ銭湯」のネーミングを考案。2012年よりランナーズ銭湯サービスを開始し、ランニングジャーナル誌にも取り上げられる。
ランニングクラブ所属メンバーが定期利用するほか、名古屋出張のビジネスマンなどの利用もある。名古屋ウィメンズマラソン開催時は、出場者の荷物預かり所としても活用されている。湯船のお湯は汲み上げた地下水を沸かし、白湯、薬湯、バイブラバス、電気風呂、水風呂、サウナを設置。浴場も脱衣所も明るく、ロビーはギャラリーとして毎月企画展を催し、作品展示をおこなっている。
＊愛知県内でランナーズ銭湯に対応している銭湯は、あいち銭湯（愛知県公衆浴場業生活衛生同業組合）のホームページを参照。 https://aichi1010.jp

散歩の休憩は街中に繁る大きな木陰で いつでも都会で楽しめる小公園めぐり

公園のベンチや名称プレート、彫刻遊具に注目してみると思わぬ発見が…。散歩しながら、旧町名の名残や土地の歴史の痕跡をさぐるのもまた楽しい。

加美秀樹
（経歴などは48ページ）

街中の公園は散歩のオアシス

散歩に出かけるときの楽しみは色々あるが、ここでは街の中の公園にスポットを当て、散歩の途中に立ち寄って休憩した公園を楽しもうという提案をしてみたい。

名古屋市内には先にも述べた名城公園をはじめ、鶴舞公園、中村公園、東山公園、白川公園、平和公園、庄内緑地、大高緑地などの大きな公園が整備されているほか、各区内においても小規模な公園が数多く点在する。また、幼児を対象とした小規模な遊び場の〝どんぐりひろば〟も、市内各所でたくさん見うけられる。

名古屋市緑政土木局及び各区土木局が管理する所管施設の街区公園には、子供用の各種遊具をはじめ、ベンチや水飲み場が備わり、場所によってはパーゴラやあずまやなどの日除け、トイレ、運動場やスポーツ施設、飲料の自動販売機などを設置しているところもある。公園は散歩のさなかの小休止にはもってこいの場所であり、まさに都会の中のオアシス的な役割を担っている便利な場所だ。

今回は地下鉄鶴舞線浄心駅を起点に名古屋駅まで、北は弁天通、東は堀川、南は桜通、西は環状線に囲まれた西区南部エリアを歩きながら、都会の中の小さな公園が持つ魅力をいろいろと紹介してみたい。

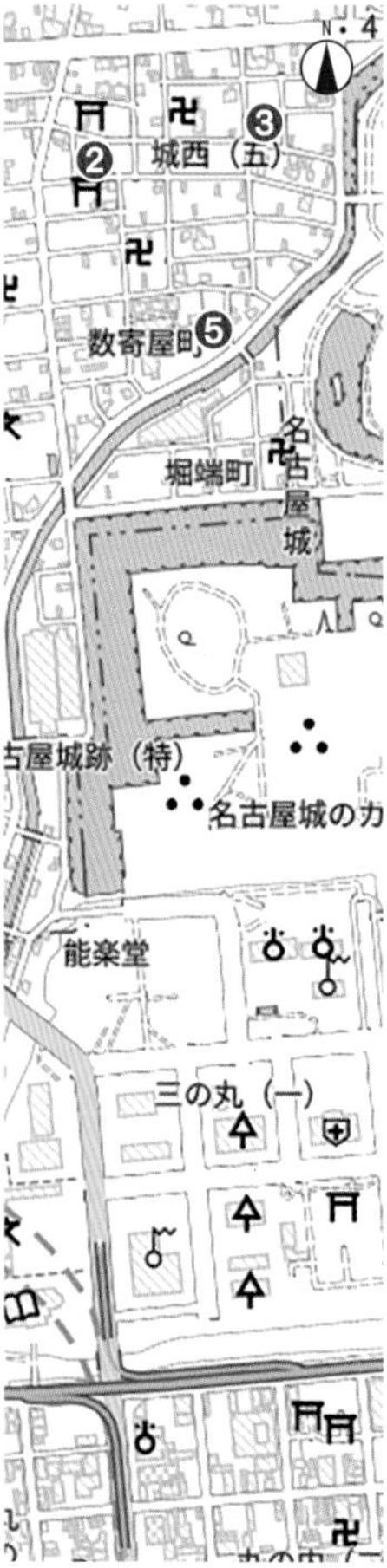

公園の魅力を体感してみよう

地図を持たずに街中で公園にたどり着こうとする場合、丈の高い樹木

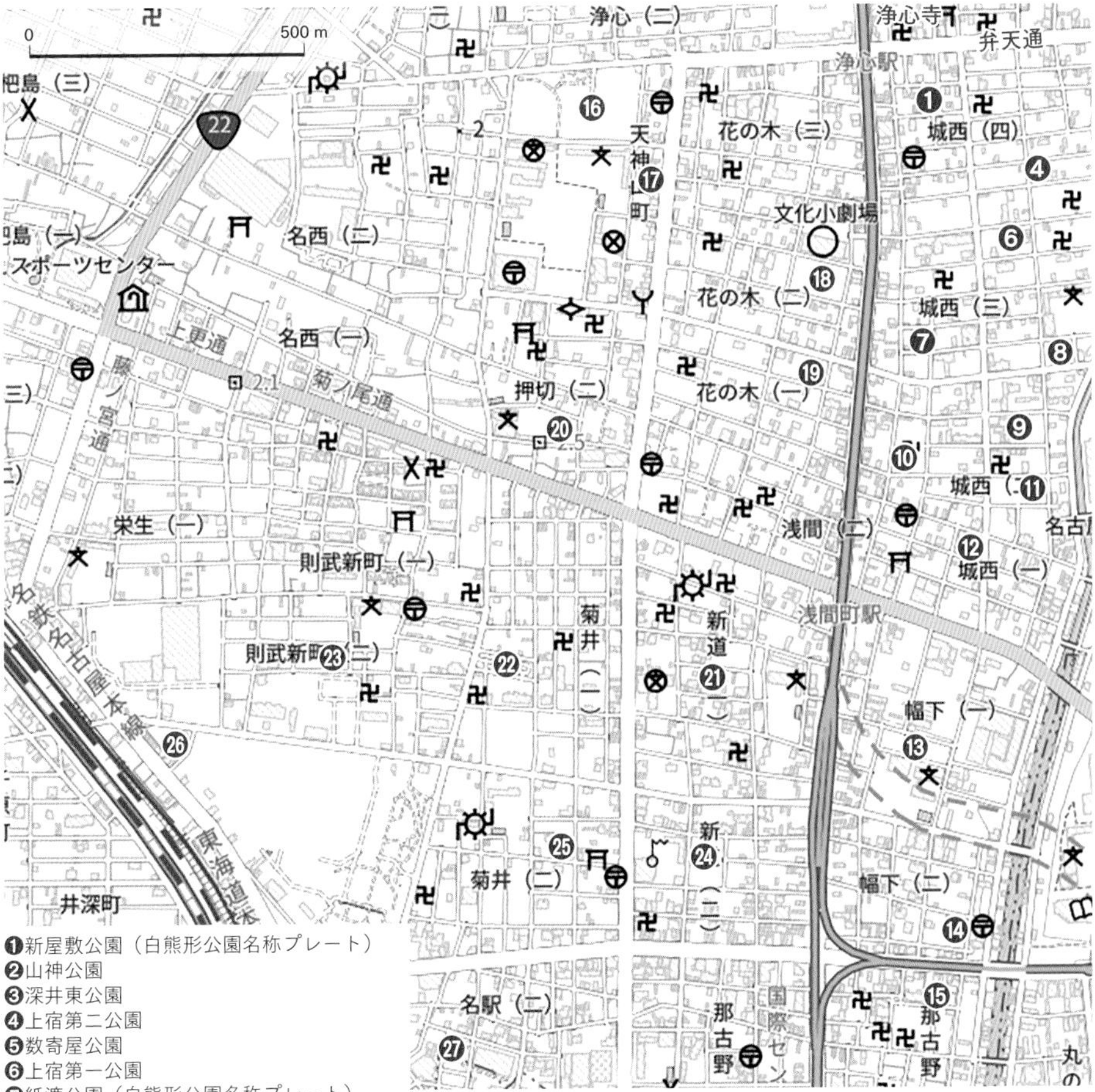

❶新屋敷公園（白熊形公園名称プレート）
❷山神公園
❸深井東公園
❹上宿第二公園
❺数寄屋公園
❻上宿第一公園
❼紙漉公園（白熊形公園名称プレート）
❽城西公園
❾鷹匠公園
❿紙漉南公園
⓫北野公園
⓬城西南公園（白熊形公園名称プレート）
⓭幅下公園
⓮みゆき公園
⓯裏塩公園
⓰押切公園
⓱天神山公園
⓲花ノ木公園
⓳台所公園
⓴榎公園
㉑新道南公園（白熊形公園名称プレート）
㉒桜木公園（富士山滑り台）
㉓南押切公園（富士山滑り台）
㉔新道中央公園
㉕江西公園
㉖桃ノ木公園（白熊形公園名称プレート）
㉗早苗公園

コースエリア簡略図　地理院地図を加工

を目印にするのが有効な手がかりとなる。

　大木は神社仏閣の境内にも生えてはいるが、概ねこの方法で公園を見つけることができる。ケヤキやブナ、クスノキなどの緑鮮やかな樹木のほかにも、サクラやイチョウ、モミジなど、花や葉が季節の変化を楽しませてくれる樹木の植栽も見られる。

　木陰に入って樹木を見上げると、枝葉から注ぐ木洩れ日や風による木々のざわめきが、五感を刺激しながら自然の素敵さを味わわせてくれる。また公園の楽しみ方のひとつに、プレートに表示されている公園の名称があり、地理的・歴史的分野に関連した昔の名残を見ることができる。

新旧町名プレート

大きな公園の樹木

　区画整理に伴う町名変更を契機に新しいまちの名前が浸透すると、かつてその地で使われた旧い町名は徐々に忘れられてしまうが、公園には旧くからの土地に由来する名称が残っている場合が多い。

ペンキ塗装木製ベンチ

日除けのパーゴラ

　古地図や歴史書を片手に、その公園の土地がかつてどのような場所であったのかと調べてみたり周辺を歩いてみたりして、古の世に想いを馳せてみるのもまた楽しいものだ。

　名古屋市の公園には、昭和50年代以前の旧い区割りと町名が記されたプレートが現在のものと並べて設置されていることから、これを参考にしてみるのもいいだろう。

　そして、公園のベンチにも注目したい。公園にはさまざまな形のベンチが見られるが、中でも昔ながらの木製のベンチには、何とも言い難い味わい深さを感じずにはいられない。

　耐候性を目的に座面をペンキなどで塗装してあるものは、剥げたり褪色したりするとその上から新たに塗装が施され、それが繰り返されることで、時には前に塗られた下地が顔を覗かせることがある。

　中には絶妙な色目を見せてくれるものがあり、あるものは3色、4色と別色のペンキの痕跡が姿を現し、意図せず造られた美を不意に発見する喜びを感じてみるのも、密かな楽しみのひとつにつけ加えてみてはいかがだろうか。

白熊形公園名称プレートの楽しみ

　名古屋市内の公園に設置される公園名称を記した標示プレートには、いくつかの種類がある。

　自然石に公園名称を直接刻み込ん

だものと、花杯を模したであろうクリーム色に塗装されたコンクリート製の躯体に石板プレートが嵌め込まれたものの2種が代表的だが、時としてコンクリート製の白熊像が公園名称の金属板プレートを掲げている特色あるモニュメントが迎えてくれることがある。

この白熊形公園名称プレートは、市内の公園でしばしば目にすることができるが、出会ったときにはなぜか思わずうれしくなるもので、この白熊との最初の出会いは、平成初期に東区の平田公園で目にしたものだった。

今回の散歩エリアを西区南部としたのは、この地区に比較的集中して白熊形公園名称プレートが見られるからだ。エリア内27箇所の公園をめぐった中で、北から新屋敷公園、紙漉公園、城西南公園、新道南公園、桃ノ木公園の5箇所に白熊像があり、いずれも黄色の半袖シャツと青色の半ズボンを着用した、一番数の多い標準型のデザインとなっている。

他の地域で確認したバリエーションとしては、各部位や着衣の色に変化があったり、同じ形でクマのプーさんに似せて山吹色に塗られたものがあったり、中には形がまっ

⑳榎公園

⑨鷹匠公園

⑫城西南公園

⑦紙漉公園

①新屋敷公園

㉖桃ノ木公園

㉑新道南公園

アスレチック複合遊具

早苗公園の大型プレイスカルプチャー

たく異なった緑色のものなどもあって、最近では白熊像を探しながらの公園めぐりも新たに加わって、散歩の楽しさがさらに増している。

公園遊具あれこれ

公園内に足を踏み入れると、まず目に飛び込んでくるのが多彩な遊具の数々だ。

子供時代に遊んだ懐かしい遊具から、各種遊具が組み合わされた新しいタイプのものまでいろいろな遊具が設置されていて、散歩の途中に公園で子供たちが遊ぶ姿を眺めているだけでも自然と心が和んでくる。

公園に欠かせない遊具といえば滑り台とブランコが双璧をなすが、鉄棒、ジャングルジム、はん登棒（登り棒）、ラダー（雲梯）、砂場、プレイスカルプチャー（彫刻遊具）などの昔ながらの遊具と共に、ロープウェイ、アスレチック遊具、ロッキング遊具、スプリング遊具など、比較的新しいものも仲間入りしている。

中でもプレイスカルプチャーは、彫刻遊具というだけあって造形的にもおもしろく、名古屋の公園の特徴的な遊具として知られる富士山滑り台もその仲間に含まれる。

近年の遊具の傾向としては、従来の耐久性を重視した金属製のものから、安全性に配慮した肌に触れる部分が主に樹脂製のものへと材料が変化し、設置スペースの問題からか、複数の遊具を組み合わせたコンビネーション遊具（複合遊具）も増えてきている。また砂場には通常カバーが被せられ、砂遊びが終わったらカバーを掛け戻すよう使用の仕方を規定している。

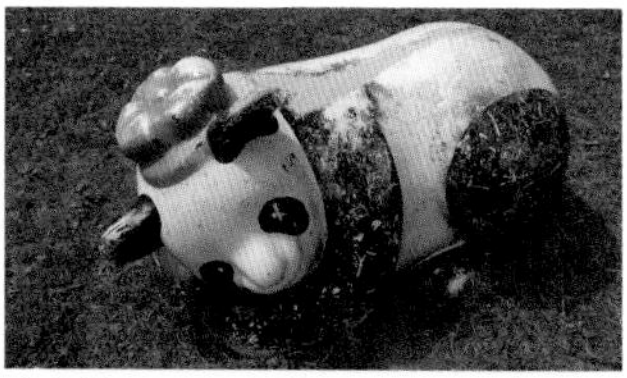
上宿第一公園のプレイスカルプチャー

桜木公園の富士山滑り台

安全性の面でこのところ徐々に数が減少しつつある絶滅危惧種の遊具としては、シーソー、回転ジャングルジム、チェーンネット遊具などがあり、事故の多発で危険が叫ばれ公園からまったく姿を消した絶滅種の遊具では、回旋塔、箱型ブランコ、遊動木、ぶら下がり式シーソー、

チェーンネット遊具

回転ジャングルジム

コーヒーカップ式回転遊具などがあげられる。

今回の散歩エリアでは、絶滅危惧種の回転ジャングルジムが6箇所、シーソーが2箇所、チェーンネット遊具も1箇所で健在だった。

昨今の時勢では可動遊具がどんどん少なくなってきているが、黒澤明監督の名作「生きる」で初老の主人公がブランコに腰掛けて雪の中にたたずむ場面を想いつつ、せめて将来的にもブランコだけは残ってくれることを切に望んでやまない。

公園めぐりプラスアルファの楽しみも

西区南部エリアには公園めぐり以外にも、歩いてみたい散歩ルートや立ち寄りスポットがいくつかあるので少し紹介してみよう。

浄心駅から東へまっすぐ伸びた弁天通商店街には、弁天の名にちなんで七福神の石造が通り沿いに設置されているので、七福神めぐりをしてみるのもおもしろい。

弁天通の先から堀川沿いを下って土蔵の建ち並ぶ四間道や下町情緒漂う円頓寺商店街を散策したり、江戸時代に東海道と中山道を結んだ脇往還の美濃路をたどってみたり、愛知ものづくり産業の礎を築いた地に設けられた産業技術記念館やノリタケの森を見学したりと、観光気分で散歩を楽しんでみてもいいだろう。

このあたりは戦前の木造長屋や屋根神様、商店街の看板建築、名古屋

弁天通の白牛弁天像

七福神の大黒天石像

堀川沿いに残る四間道の土蔵

土地の町内で祀られる屋根神様

タイル貼装飾による看板建築

建設企業ビルの金鯱外壁装飾

城にちなんだ金鯱意匠のものなどなど、昔ながらの下町景色と風情を肌で感じながら散歩できるエリアだ。

吾が散歩の流儀

　未曾有の疫病蔓延により外出を控えたことが災いして慢性的な運動不足となったことと、毎年受診している定期健診の結果がここ数年好ましくないことを鑑み、ここにきて健康回復増進を図ることを目的とした〝黄昏散歩〟と称する夕方のまち歩きを日課としている。

　散歩コースの設定は、予め地図を参考に起点を決め、そこから1時間から1時間半程度で歩けるルートを想定して散歩するという方法で、マンネリ化の防止と未見の地を歩きたいとの欲求から、目的地までは自動車で移動したうえで散歩をすることも多い。

　お気に入りの散歩エリアはいろいろあるが、名古屋市内では先に紹介した東区の白壁・主税・橦木町のほか、昭和区の鶴舞公園、中村区の大門、中区の大須、中川区の尾頭橋、千種区の覚王山など、旧いまちの雰囲気が今も残っているところが好みだ。

　地元の尾張地区では、一宮市丹陽町の島畑田園地帯、小牧市の小牧山、岩倉市の五条川河畔、津島市の天王川公園など、自然の佇まいと季節の移ろいが感じられるところをよく歩いている。

　散歩に際しての服装は、基本的には季節に応じた普段着だが、歩きやすく疲れにくい靴を履き、日除け風除け防寒用に帽子と上着を着用または携行するようにしている。

　散歩をしていると自然と汗をかく場合もままあり、タオルや手拭などを所持していれば、土地の銭湯でひとっ風呂浴びるという楽しみもある。夕方ともなると、私と同じく散歩をしている人も結構たくさんあり、道で散歩者と出会ったら挨拶や会釈をするように心がけている。

　また、その土地土地の人と挨拶し言葉を交わすことで、いろいろな知識や情報を得られることも多い。路上観察しながらその土地のことも知る、そんな散歩の仕方をこれからも続けてゆきたいと思う。

　そして、老いてなお散歩の達人として鳴らした永井荷風よろしく、ステッキを小脇に黄昏のまちを歩くのが、若い時分からの憧れにしてささやかなる吾が夢なのだ。

【column】下を向いて歩こう

図１　路上のマンホールに注目

2014年11月18日に毎日文化センターの有志で本町通を大須まで歩こうという企画があり、名古屋城南の外堀通りとの交差点（元愛知県産業貿易センター前）に集合した。参加者の中のお１人が10時の集合時間にお見えにならなかったので、10分ほど待ちましょうということになった（図1）。

この待ち時間に、私にとっての町歩き視点が大きく変わった。それまでは、目的地までわき目もふらず、坂本九さんではないが「上を向いてあるこう」であった。ところが待ち時間の間に、遠くへ行くわけにも行かず、雑談しながら足元を見たらマンホールがあり、その蓋に名古屋城と金のシャチホコが描かれていた（図2）。えぇ、マンホールで名古屋がわかるのか、と新鮮な驚きを感じた。

それ以降、日本各地の諸都市を訪ねたときは、ついつい下を見て歩くようになってしまった。岡山市では桃太郎、高松市では源平合戦での那須与一の弓引きの図、下関市ではフグ（地元ではフク：福と言われている）が描かれていた。そして地理学徒として強烈に嬉しかったのが東シナ海に浮かぶ甑島《こしきじま》に出かけた際に、「トンボロ」と記されたマンホールとの出会いであった。トンボロとは本島と小島が砂州で結ばれた地形のことをいい、まさか地形の名称がマンホールになっているとは、との思いで小島（里町）の民宿に泊まったのでした。

さて、名古屋の本町通歩きにもどって、マンホールも幾何学的模様だけ、文字だけのもあるが、その中で名古屋市街に埋め込まれている地下水道に感謝をせねばと思わせてくれる「アメンボウ」の図（図3）が可愛らしかった。

（溝口常俊）

図２　名古屋城と金のシャチホコ

図３　アメンボウ

地図散歩のすすめ

古い地図を片手に住宅地になるまえの景色を探る

過去と現代の2枚の地図を用意し、土地の起伏を確かめながら、地域の歴史を体全体で感じてみよう。

100年前に広がっていた景色

名古屋市近郊には、家々が整然と立ち並ぶ住宅団地がある。その住宅団地のできる前――例えば100年前――、どのような風景が広がっていたのか、散歩をしながら思い浮かべ、探ってみよう。石碑や神社の由緒から地域の意外な歴史を知るかもしれないし、森や川、そしてそこに住む貴重な生き物など、自然の片鱗が現代に生き続けていることに気づくかもしれない。

里地里山の景観ユニット

名古屋市の東部に広がる丘陵地は、5、60年ほど時をさかのぼれば、大部分が農村地帯であった。そこでは、さまざまな土地利用がモザイクのように組み合わさった景観が見られた。その景観を構成する要素を、ここでは「景観ユニット」と呼ぶことにしよう。今回提案する散歩では、この景観ユニットを過去と現在の風景を結びつけるカギとして注目したい。

文…富田啓介
（とみた・けいすけ）愛知県半田市生まれ、瀬戸市在住。愛知学院大学教養部准教授。里地里山における生物生息地の分布や成り立ち、保全活用について研究。

耕地（水田・畑）

水田も畑も、農村における重要な生産設備だ。それぞれの立地ははっきりと異なる。丘陵地において、水田は細長く底が平坦な、丘陵を開析する谷（谷底低地）にみられる。一方の畑は、丘陵の麓にある台地や、河川沿いの自然堤防（川に沿った小さな高まり）にみられる。水田のある谷は樹枝状に広がり、人里離れた山の懐深くまで伸びていることもある。こうした地形を谷戸とか谷津と呼ぶが、名古屋近郊では「廻間（ハザマ）」といった地名が当てられることも多い。宅地開発の過程で、こうした細かな谷は埋められてしまうことが多いが、緑地・公園の中にその名残を見ることがある。

河川と灌漑設備（ため池・用水路）

丘陵地を流れる河川は、多くが川幅も狭く小規模である。それらは、宅地開発の過程で暗渠化され、そうでなくてもコンクリートの三面張りとなって汚いどぶ川のように見える場合がある。しかし、かつては自然の土手があり、子どもたちの遊び場であった。河川をさかのぼると、最上流部は水田に水を供給する用水路として機能させていた場所が多くなる。その源頭には堰が設けられ、小規模な貯水池（ため池）が築造されていることも多い。ため池には山清水が流れ込んで澄み、さまざまな水草が繁茂していた。現在も一部は防災用の遊水地や、公園の親水・修景用の池として残されている。

雑木林

農村に住む人々が日常で使う燃料、つまり炭や薪を得ていたのが雑木林である。また、キノコ狩りなどの資源採取・レクリエーションの場としても利用された。今では考えられないが、雑木林は生活上重要な景観ユニットだった。名古屋市近郊の丘陵地にはかつて、広大な雑木林が広がっており、集落はそこに浮かぶ島のような存在でしかなかった。土地造成がおこなわれる中で、起伏に富んだ地形にあった雑木林は大部分が消失したが、造成を免れた急な斜面や、公園・緑地の中に一部が残されている。

集落

集落は、丘陵の裾の台地にへばりつくように存在していることが多い。また、河川に沿った自然堤防上に立地する場合もある。このような場所は、河川の流路から一段高いため水害のリスクが低く、また、地盤も堅固なので地震の揺れもある程度抑えられるからだ。古くからの集落は、風格ある民家が見られるだけでなく、優しい曲線を描く細い路地や常夜灯、石仏・石塔、その土地に生きる人々が刻んできた歴史の証が随所に存在することで、新しい住宅地とは区別できる。宅地開発の過程で、このような集落は新興の住宅街に飲み込まれてゆくが、現在の地図だけ見ても、周囲と不自然につながる曲がった道や、近傍に存在する社寺（後述）があれば、そこはおそらく古い集落だと推測できる。

社寺

多くの集落には氏神がおかれ、集落の安寧を見守るとともに、外から侵入する何らかの災厄から守る役割を与えられていた。寺院も、檀家制度・寺請制度や、寺子屋のような教育を通して、寺院近傍の集落の人々をある種監督していた。災厄侵入を防ぐ役割などから、社寺は集落のはずれにおかれていることが多い。つまり、社寺に出会ったなら、そこがかつて集落と周囲の山林等とを分けていた地点だと推測できる。

　社寺林（神社の場合は社叢とも）と言って、社寺の背後にはしばしば鬱蒼とした樹林が見られる。社寺林は、神聖な場所を静謐に保つ役割が与えられていたため、伐採は極力避けられ、その土地の古い植生が残っている。名古屋市近郊では、シイ・カシなどの常緑広葉樹が広がっている。

場所を決めて準備しよう

　丘陵を開発してつくられた住宅団地に住んでいるなら、まずは自宅の周辺がお勧めだ。そうでない場合は、少し大きな公園・緑地がある周辺を選ぶと、そこを拠点にできる。

　地図は、地形や植生、詳細な道路なども掲載された国土地理院発行の1:25,000地形図がよいだろう。現代と過去（土地造成前）の2種類を用意する。現代の地図は、大型書店や通販で購入する。国土地理院の電子地図「地理院地図」（https://maps.gsi.go.jp/）を印刷してもよい。過去の地図の入手は、国土地理院の図歴サイト（https://mapps.gsi.go.jp/history.html）で確認し、申請するのが正式な方法である。埼玉大学の谷謙二氏が開発したフリーソフト「今昔マップ3」（http://ktgis.net/kjmap/）の利用もお勧めである。このソフトでは、名古屋市近郊を含む国内複数地域における明治期以降の新旧の地形図を、並べて比較しながら表示させることができ、地図画像も保存が可能だ。閲覧だけであれば、「今昔マップ on the web」（http://ktgis.net/kjmapw/）もある。フリーの地図ソフト「カシミール3D」（https://www.kashmir3d.com/）等から、今昔マップの地図タイルを呼び出して利用するのもよい。こうした地図で、あらかじめルートを決めておくと、効率よく地域を回ることができる。

　現地まで自家用車や電車・バスを使っても、そこから先は自分の足で歩きたい。それは、動力のない時代、そこに暮らした人々の距離感覚を追体験することでもある。例えば集落からため池までの距離や、そこまでの土地の起伏も体感したい。景色を感じ取るにあたって、視覚だけに頼らないことも大切だ。嗅覚・聴覚・触覚、時には味覚も使って、地域の歴史を体全体で感じてみよう。

散歩モデルコース

　一例として、名古屋市緑区の鳴海から滝ノ水を経て戸笠池へ至るおよそ6㎞のコースを紹介する（66、67ページの地形図を参照）。一帯は、1963年（昭和38）まで愛知郡鳴海町に含まれる農村エリアであった。

およそ100年前（1920年測図）の地形図を参照すると、東海道40番目の宿場である鳴海集落と、その西にある相原郷を除き、まとまった集落はなかった。住民によると、滝ノ水川が流れる谷は「サワ」と呼ばれ、相原郷の農家が水田耕作をおこなっていた。1940年から1950年ころには、谷の入り口に家屋が数件あったが、鳴海からタクシーで帰る際、「この先に家があるのですか?」と心配されたという。相原郷では1950年代まで、この滝ノ水の山にタキモン（燃料）を採りに行く生活だった。山はマツが多く、林床にはツツジが生育しており、春になると燃えるような具合に咲いたそうだ。そんな景観も、1970年代に始まった宅地開発で一変し、現在は整然と家が立ち並ぶ住宅地となっている。

鳴海宿（名鉄本線鳴海駅）から相原郷

鳴海駅から天白川の支流である扇川（図1、地形図の①の位置〔以下同〕）を渡り、鳴海集落（図2）へと入る。鳴海はかつて海に至近の集落であり、このことは、鳴海駅の標高が5m足らずであることからもわかる。ただし、集落は丘陵ふもとの台地上にあり、標高は若干だが高い。古い寺院や、旧役場跡（現・緑生涯学習センター：図3）から、歴史ある集落であることが感じられる。

瑞泉寺付近（図4）で東海道を離れ、東の相原郷へ向かう。1920年の地図にも、ここから相原郷へ向かう道はあるが、水田と畑の中を通っていた。しかし100年後の現在、道の両側は下町風の宅地となっ

図1　扇川

図2　鳴海集落

図3　旧役場跡

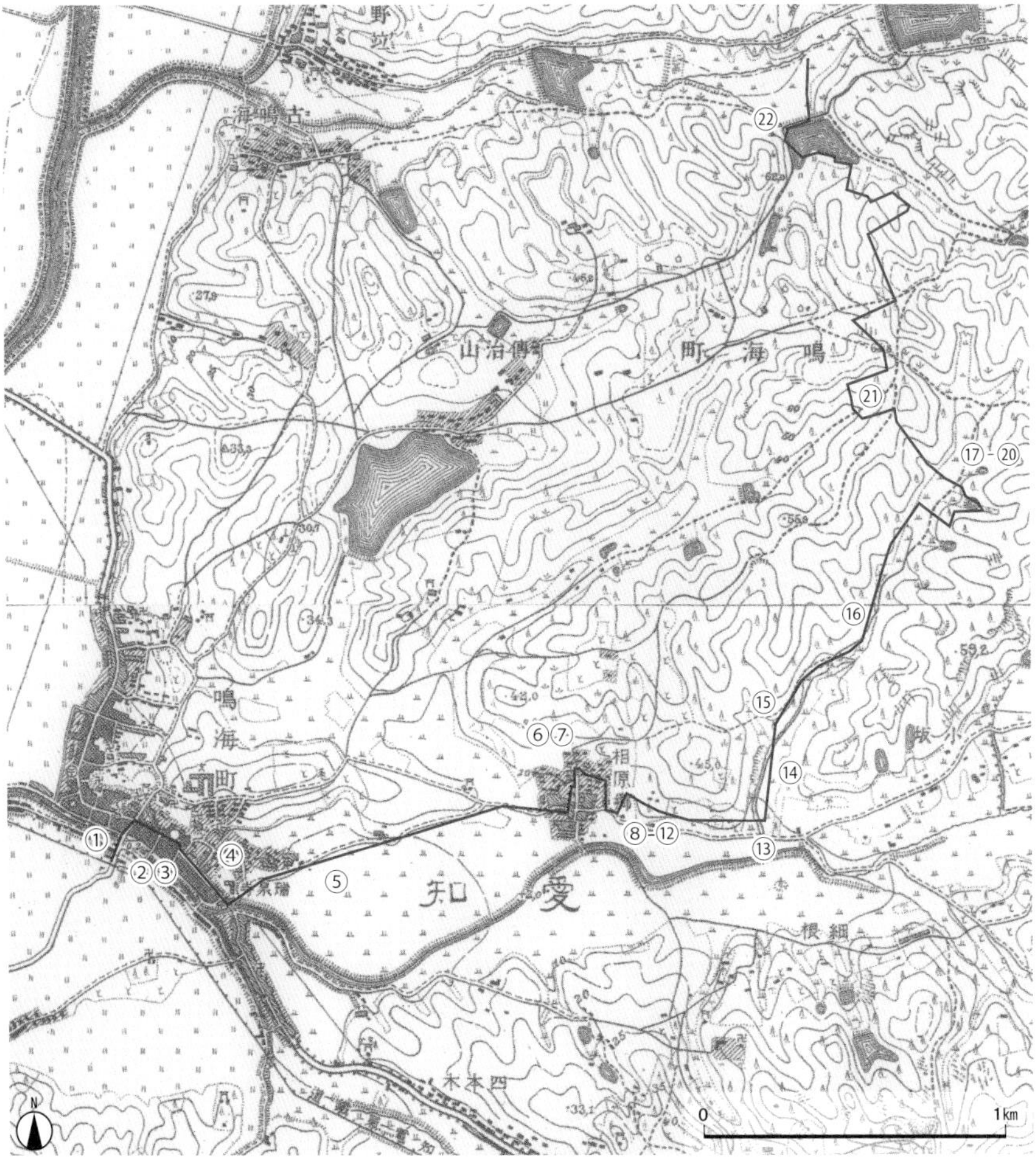

およそ100年前の地形図の上に描いたモデルコースと写真の撮影地点
陸地測量部発行1/2.5万地形図「名古屋南部」「鳴海」（いずれも1920年測量図）を使用

図5　下町風の宅地

図4　端泉寺

現在の地形図の上に描いたモデルコースと写真の撮影地点
背景に地理院タイル（2021年3月現在）を使用

ている（図5）。

突き当たったところで県道36号線をわずかに東に進み、道路を渡って相原郷の集落に入る。1608年（慶長13）に鳴海集落から分村したといわれる、古い集落である。家の建て替わりが進み、歴史的な外観をみせる家屋は見当たらないが、ゆるやかな曲線を描く細い路地が、古い集落の

図6　曲線を描く路地

雰囲気を留める（図6）。1920年の地図では集落のはずれにあった浄蓮寺（図7）からさらに集落を東に進み、諏訪社を目指す。

相原郷から滝ノ水緑地

諏訪社（図8）の広い社叢は、気候的極相に近い鬱蒼とした常緑広葉樹林（図9）であり、特別緑地保全地区に指定されている。アラカシ・ヒサカキ・カクレミノ・ヤブツバキなどが観察できる（図10〜12）。

お参りと観察をしたら、さらに東の滝ノ水地区へと向かう。1920年の地形図で、この付近を見ると桑畑の記号があり、付近では養蚕がおこなわれていたことがわかる。しばらく進むと、名二環の巨大な高架が現れる（図13）。自然地形に寄り添うように成立する集落を通ってきた後だけに、地形さえ大きく変える現代技術の凄まじい力を感じる。

図7　浄蓮寺

図8　諏訪社

図9　鬱蒼とした常緑広葉樹林

図10　アラカシ
ドングリのなる常緑高木。葉が大きく、荒々しいカシの木の意。やや人の手の入った常緑広葉樹林に多い。ブナ科。

図11　ヒサカキ
雑木林にもよく見られる常緑低木〜小高木。早春に独特の香りのある白く小さな花を咲かせる。モッコク科。

図 13　名古屋第二環状自動車道の高架

図 12　カクレミノ
常緑高木。名前は、天狗が姿を隠す際に使用するという「隠れ蓑」が由来とも。ただし、写真右のように、裂けない葉もある。ウコギ科。

滝ノ水郵便局付近で左へ折れ、滝ノ水川沿いを北上する。

　滝ノ水川に沿った谷は、相原郷の人たちが水田耕作を営む典型的な谷戸田であった。聞き取りによると、水田の周辺は小規模な湧水による湿地（湧水湿地）があり、地域固有種シラタマホシクサなども生育していたという。現在、周囲は区画整理を経て整然とした宅地（図14）となっており、往時の様子は古い地図から想像を馳せるしかない。高低差もわかりづらいが、滝ノ水中央公園（図15）にみえる急な斜面が、かつて川沿いの低地に向かって山の斜面が迫っていたことを物語る。

　滝ノ水の地名は、実際にそこに小さな滝があったことにちなむ。その滝は、現在の滝ノ水中学校付近にあったという。中学校東側の高いコンクリートの擁壁から、そのことを多少は想像できるだろうか（図16）。

図 14　区画整理された宅地周辺

図 15　滝ノ水中央公園

図 16　滝ノ水中学校の擁壁
この付近に滝があった。滝は二段で併せて落差は約 10m、水量はそう多くなく、ポンプで水を汲んだ程度だったという。

落差が小さな滝のため、１９２０年の地形図に滝の地図記号は記されていない。

滝ノ水緑地から滝の水公園

さらに滝ノ水川に沿って北上し、川が暗渠になった付近で少し左に道を逸れると、ため池の背後に雑木林の茂る滝ノ水緑地がある（図17）。ここには、付近で唯一、土地造成前の地形と植生が残されている。池の奥には付近で唯一残された湧水湿地も見られ（図18）、ミミカキグサ・トウカイコモウセンゴケなどの希少な湿地植物（図19、20）が自生している。滝ノ水緑地は、この湿地を残すために作られたのである。

雑木林の植生は、コナラなどの落葉広葉樹（図21）とアカマツが中心である。諏訪社の社叢とは大きく異なる。もともとは薪炭林だったと思われるが、現在、そこは近隣の人々

図 17　滝ノ水緑地

図 18　湧水湿地

図 19　ミミカキグサ

図 20　トウカイコモウセンゴケの葉（上）と花（下）
ミミカキグサは地下茎の袋で、トウカイコモウセンゴケは葉の粘液で、微生物を捕食する食虫植物。貧栄養の湿地で生き抜く工夫だ。

の散策コースとして活かされている。

住宅地の坂道を西へ上り、太い道路を渡ると、一段と小高い滝の水公園に至る（図21）。階段を上れば、一帯が見渡せる素晴らしい眺めが待っている。

実は、この標高60ｍ小高い丘は人工地形である。１９２０年の地形図をみると、公園敷地は、滝ノ水の谷の西隣の谷の源流部の凹地を含んでいることがわかる。ここには、１９３１年（昭和6）から１９５１年（昭和26）まで名古屋薬学専門学校（名古屋市立大学の前身の一つ）があったが、閉鎖後、１９５９年（昭和34）の伊勢湾台風で生じた廃棄物がうず高く積み上げられ、そこが公園となったのだ。公園の足元には名古屋が被った災害の歴史が眠っている。

図21　落葉広葉樹林
コナラは、名古屋周辺の雑木林で最もふつうにみられるドングリの木。そのほか、落葉樹ではコバノミツバツツジ・リョウブなどが見られる。

図22　滝の水公園
この高台の公園の下には、伊勢湾台風で発生した大量の廃棄物が埋められている。天気が良ければ、遠く鈴鹿の山々が望める。

滝の水公園から戸笠池（桜通線相生山駅）

滝の水公園から北に向かう。１９２０年の地形図をみると、篠の風と呼ばれるこの一帯は、山深い山林であったことがわかる。現在は商店や住宅が並ぶにぎやかな街に様変わりした。途中、螺貝《ほらがい》池と呼ばれるため池（図23）の横を通過する。現在はほぼ四角形をしており、隣接した公園では学校帰りの子供たちがにぎやかに遊んでいるが、かつてはこの部分も水面であり、周囲には水田が広がっていた。戸笠小学校の脇を北に進めば、相生山駅はすぐである。

図23　螺貝（ほらがい）池
名古屋市東部の丘陵には、このようなため池が多く残されている。ため池の下流には、水田が広がっていたはずだ。

「水路上観察」のすすめ

「暗渠」「旧河道」をたどって都市の水環境の歴史を垣間見る

街の歴史は足元にある。地形図を片手に歩きながら、失われた川跡をたどって、街の現在・過去・未来に思いを馳せてみたい。

都市には、今はその水面を見ることができなくなった失われた川・水路が流れていた。大小の自然河川や人工河川、農業用水に掘割をはじめ、溜池や干潟地形などを含めると、都市をめぐる水環境を復元することができる。多くの水面は、主に大正期以降、都市の発展とともに消えていき、あるものは蓋をされ、あるものは下水道に転用され、またあるものは埋め立てられ水面を見ることができなくなった。こうした地下に消えた流れを「暗渠」と呼び（本田創「東京の暗渠空間学」「東京人」2020年10月号）、かつての川の流れのままにつくられた道路や通路などを「旧河道」と認識することで、あらためて都市の水環境の変遷をうかがい知ることができる。

名古屋の街の水環境を探る

「暗渠」めぐりの前に、少しだけ名古屋市域全体の地形と水環境について触れておきたいと思う。名古屋の地形は、結構バラエティに富んでいる。名古屋城と熱田神宮を結ぶ現在の市街地の中心域は、熱田台地と呼ばれる標高5～15ｍの洪積世台地が南北に延びており、西と北は沖積平野、東は低い丘陵地となっている。台地と丘陵部は長い間の雨水や海進などで浸食されており、丘陵部からは北から順に、庄内川、矢田川、山崎川、天白川といった自然河川が、伊勢湾の最奥部を目指して流れ込む。

市域の都市化とともに、街を取り巻く水環境は大きく変わっていき、その多くは流れを変えられたり、水面を失い地中化していく。現代に生きる私たちが、自分たちの街の歴史を知ろうとするとき、かつての海や川つまり水面の姿を知ることは、大きな意味があると思われる。そして、その作業は、一見ではなかなか見え

木村有作
（きむら・ゆうさく）
名古屋市生まれ。名古屋城調査研究センター学芸員。専門は考古学。2017年にはブラタモリ案内人として、碁盤割の名古屋城下などを紹介した。

てこない難しい作業である。しかし、見方を変えれば、地図上に新たな線を引く魅力的な作業であり、それを現地で確認する楽しみと喜びは、好奇心を満たすのに十分である。

旧河道・暗渠を歩く

名古屋市内で、今までに体験した旧河道・暗渠の道の一部を紹介してみたい。

1 ［街中の渓谷を遡る］山崎川源頭へ —千種区、本山から東山の森へ—

名古屋東部・北東部を占める丘陵部は、標高50〜80m程度の低丘陵であり、歴史的には、古墳時代の5世紀半ばあたりから、日本国内でも最も古い時期から窯による陶器（須恵器）生産が定着した一帯である。

丘陵部と台地部の間を流れる川は、中上流部では石川・川名川と呼ばれ、今では下流域を指す山崎川の名称で知られている。山崎川は、上流部で西から東にかけて多くの源流部に分かれ、そのうち一本が東山通付近から東から流れ込んでいた。もちろん現在その流れは見えない。

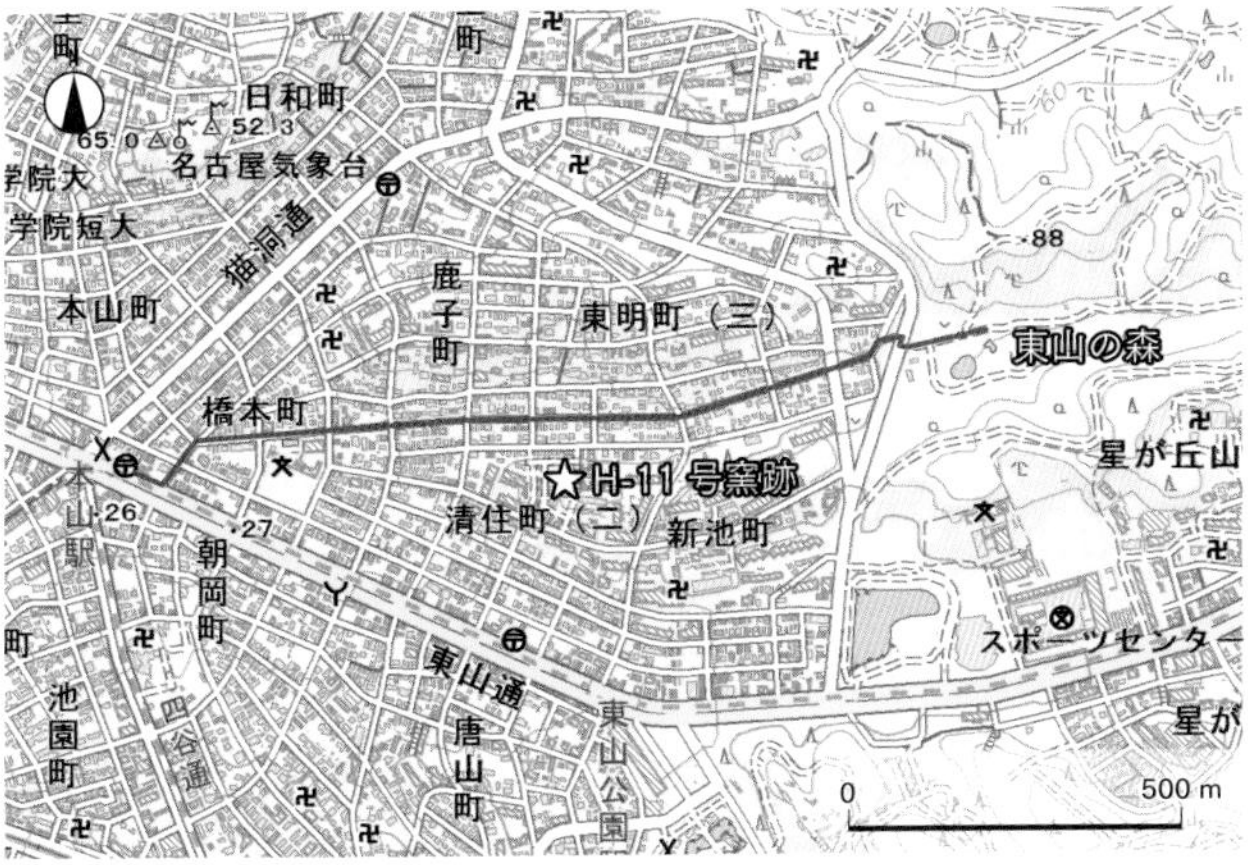

図1　山崎川の谷（千種区田代町鹿子殿周辺）地理院タイル

本山交差点北側を東へ一本目を左折し、二本目の斜め右手へ延びる道へと曲がると、あとはまっすぐな道が静かな住宅地を緩やかに上っていくのがわかる（図2）。時折あらわれる側溝の網蓋の向こうからかすかに漏れる水の音が、この道がかつて水が流れる谷底であったことをかすかに連想させる。しっかりと舗装された道路の両側は戸建て住宅が並び、南の崖際には大小のマンションが目立つ。谷の比較的入り口近くの南側斜面には、5世紀末頃といわれる東山11号（H11号）窯跡が営まれてい

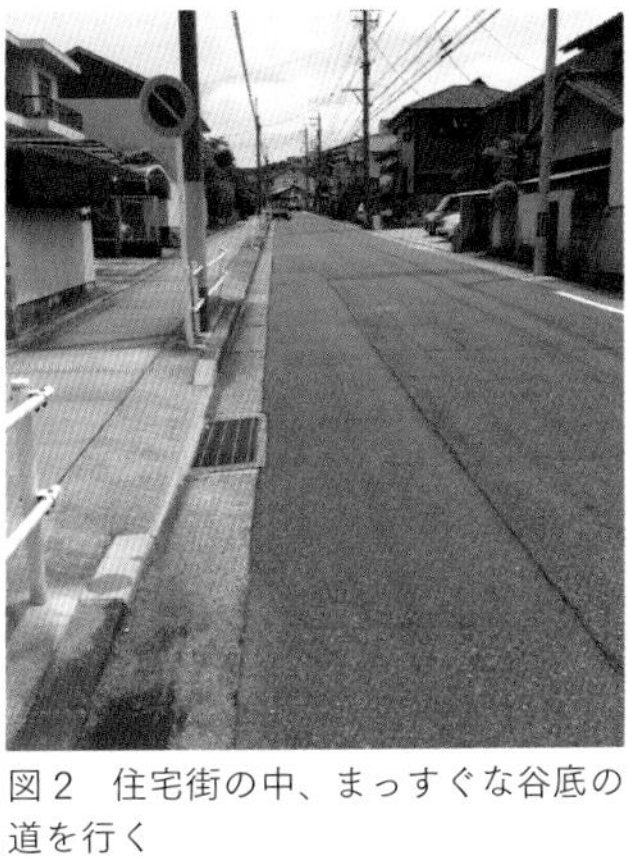

図2　住宅街の中、まっすぐな谷底の道を行く

図３　自然景観の残る「東山の森」

た。名古屋での須恵器生産では初期にあたる窯であり、古墳時代最大・最盛期の古窯跡であった。残念ながら、住宅開発の初期に、十分な発掘調査もなく姿を消してしまっている。谷をさらに上流に向かえば、両側斜面に古墳時代から古代以降に至る古窯跡が見つかっている。

約１㎞ほど直線的に続いていた谷底の道は、東明町七丁目付近で唐突に眼前に茂みがあらわれ、視界が遮られる。少し急になった坂をあがると、やや交通量の多いバス通りがあり、通りの向こうには東山総合公園の一部である「東山の森」の空間が広がる。それまでの景色とは一変する、少しオーバーに言えば、まるで現代の街中から在りし日の自然渓谷にタイムスリップしたかのような感覚になる（図３）。この公園区画には、「里山の家」という一般利用施設があり、東山丘陵の自然の展示解説や地質模型も展示されている。川筋は園内の流路として整備されており、自然渓谷の雰囲気を十分に伝えてくれる。川底をのぞけば、白っぽい粘土が露出しており、陶器の原料が比較的に容易に入手可能だったことを教えてくれる。

２［街中の渓谷を遡る］公園に生かされた渓谷―守山区、白沢川―

名古屋市東部の丘陵地帯には、矢田川累層の粘土をベースとした溜池（纐纈茂氏の提言を参考）が谷間に点在する。多くは江戸時代に下流域の水田を潤すためにつくられたと推測される。また、水害を防ぐために築堤し、流路を大きく変える営みもあった。どちらも、下流の自然流路を縮小させ、本来の流路を改変させるきっかけをつくっていると思われる。

守山区白沢川とその古川は、後者の例であり、今のところ他に類例をみない。白沢川は江戸時代には、吉根・大森・小幡・牛牧あたりの水を集め、西の守山・瀬古方面に流れていた。この風景が一変したのは１７６７年（明和４）の大水害であり、南の矢田川でも大きく流路が変わっている。水害に悩まされた瀬古村などからの要望で、源流近くの丘陵部に堤を築き（図５）、流路を強引に南西から北東に向け、庄内川に注ぐ工事がおこなわれた。現在、ゆとりーとラインのバス停の名前にも使われ

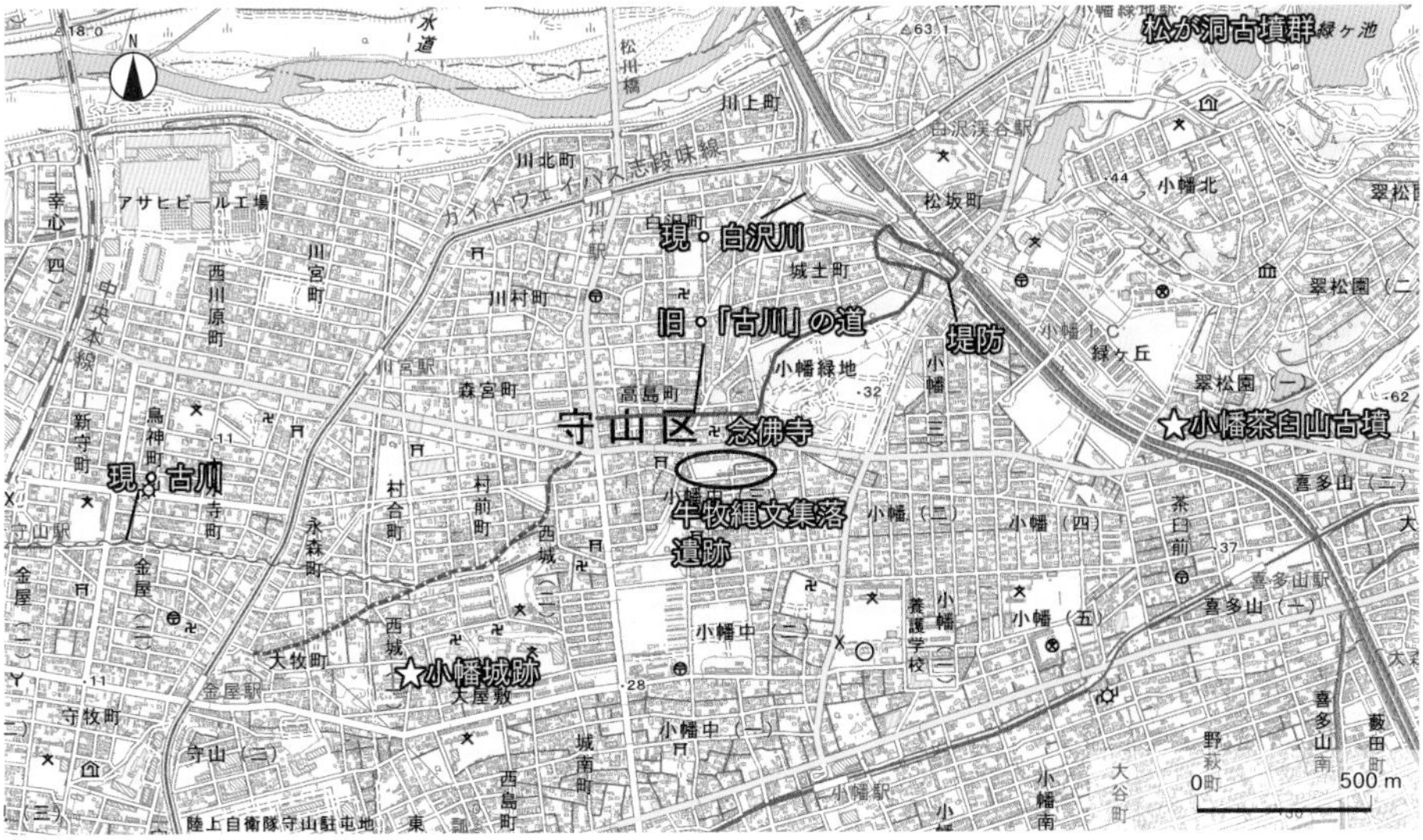

図4　白沢川と古川（守山区牛牧周辺）地理院タイル

ている「白沢渓谷」の誕生である。一方、堤の下流は主となる水源を失い、周辺の村落の排水を集めた「古川（神戸川）」として生き残り、末流は現在の三階橋北側に達している。

堤のすぐ下流域は、現在では小幡緑地公園の西園の一部となっており（図6）、谷地形つまり旧河道地形が残されている。谷底は広い部分はテニスコートや野球場に利用されている。狭くなった部分は遊歩道がめぐらされ、北西側（谷の右岸）には開発以前の自然が残される。公園の先はしばらくは旧河道さえ見極めが難しくなり、おそらく念佛寺の北側小道の下を暗渠でぬけ、見え隠れしながら村前町の元牧公園の南側で開渠となりまっすぐ西へ向かう流路が整備されている。なお、この辺りで

図5 白沢川の堤上から、小幡緑地公園（西園）の森をのぞむ

図6　緑地公園（西園）の中の谷地形

はすぐ南側にかつて戦国時代の小幡城跡が立地する断崖が迫り、その崖線に沿うように緩やかにカーブを繰り返す道が残されている。市街地化される前の、村落を繋ぐ里道だったことが、戦後直後の空中写真などで確認できる。さらに想像をたくましくすれば、こうした緩く弧を繰り返す道は、本来川の流れに伴うものではないかと想像される。もともとの白沢川流域には、源頭付近には松が洞古墳群や川古墳群が分布し、丘陵の出口付近の牛牧周辺には、縄文時代晩期の集落や古墳時代の集落関係の遺跡が古くから知られている。流域の東に接して広がる「小幡が原」の開発や前方後円墳を含む小幡・守山古墳群の造営にも関与していたことも連想される。また、中世・古代の白沢川の流れは、北区の飯田・大曽根方面に流れていたと考えると、河川を利用した人々の営みへの想像はさらに広がる。

3 ［失われた川を求めて］名古屋の歴史をつくった川をたどる①—北区、大幸川—

　大幸川は現在の東区大幸町あたりから北区大曽根・志賀周辺を通って、江川にそそいでいたと思われ、現在は暗渠化などにより名前を含めほぼ全容が失われている（図10）。大幸川は1767年（明和4）の矢田川大破堤の後、1784年（天明4）に河道を堀川に接続する工事がおこなわれ、当時堀川の起点とされた朝日橋の上流部は、大幸川と呼称されていた（『尾張名所図会』）。

　大幸川は、現在の東大曽根から六郷小西・彩紅橋通・志賀本通の交差点を通り、黒川・猿投橋に向かっていた。猿投橋の下流右岸（東岸）には、暗渠化した大幸幹線水道の出口が開口し、かつての河道の存在を実感させる。このあたりは河川下流域のデルタ地帯であり、市街地化する以前は、自然堤防上の微高地と自然河川を巧みに利用した人々の生活と歴史が存在した。遺跡分布図には小規模な点でしかない遺跡でも、実は1mを超える分厚い堆積土の中に本来の姿を隠している。中には北区・若葉通遺跡のように発掘調査により自然流路が見つかり、木製の船の櫂や5世紀から7世紀ころの須恵器などの出土遺物は、豊かな暮らしの一片をうかがわせてくれる。

　大幸川は1784年以降は、猿投橋あたりから、御用水に沿って、名古屋城に向かっていく水路に整備されたことは前述したとおりである。ただ、古い川の名残と思われる道筋は、橋を渡ってさらに西方に続いていく。とはいえ、現代車社会の道路整備により、古い町並みは交通量の多い主要道路に寸断され、横断歩道を求めて行ったり来たりして、川跡らしき道を探すことになる。かつて東志賀村と呼ばれた住宅地に入ると、児子八幡宮の社叢を目指して進む。たどる川跡の道は神社境内の南東で、犬山方面に向かう旧街道と交差する。八幡社門前から西へ、道は川跡らしく緩やかに蛇行し（図7）、国道41号線にたどり着いて姿をくらます。

川跡の痕跡は見つけがたいものの、土地の歴史的痕跡は下流に向かってさらに濃いものになっていく。綿神社を経由して江戸時代・西志賀村の中心地を過ぎると、広大な志賀公園の森にたどり着く。志賀公園は弥生時代初めころから続く遺跡集中地の一画にあり、中でも公園の西側に位置する西志賀遺跡は、弥生時代前期の水稲耕作文化伝播の東限の集落の一つとして知られている。弥生時代には伊勢湾最奥部が湾入し、干潟の風景がかなり奥まで広がっていたのではないかと想像する。

弥生時代の後、古墳時代には気候が冷涼化し、海退現象や河川が運ぶ土砂によって、干潟の陸地化が進んでいく。西区の西部を南流していた笈瀬川のかつての流域には、古墳時代以降に形成されたと思われる遺跡が存在する（西区・児玉町遺跡、同・則武向貝塚など。図10）。こうした遺跡はその立地から、河川との利用から考えてみると、伊勢湾（熱田湊を含む）と志賀一帯を結ぶ途上にあることがわかる。笈瀬川がその上流部で大幸川の水系と接続していたと考えると、矢田川から大幸川を経て、笈瀬川・中川と連綿するかつての中枢河川の姿が復元できると推定している（木村有作「水を結ぶ・陸を繋ぐ―名古屋台地の水環境Ⅳ―」『名古屋市見晴台考古資料館研究紀要』第8号、2008など）。

図7　児子八幡社付近の旧河道の道

4 ［失われた川を求めて］名古屋の歴史をつくった川をたどる②―西・中村・中川区、笈瀬川―

西区児玉付近から、押切にかけて、西陵高校や児玉小、名古屋西高校と連なる学び舎の西側を、笈瀬川（かつての矢田川）は流れていたと思われる。この川筋は、そのまま南へほぼまっすぐ下っていく。今かつての広大な敷地内に大商業施設を建設中の「ノリタケの森」を右（西）にみて、牛島町からJR・名鉄の鉄道線を斜めにくぐって中村区へと入る。高架

線下の旧河道暗渠は名古屋最長であり、それなりのムードがある。さて、駅西の笈瀬川旧河道は、リニア新幹線にかかわる再開発が静かに進行し、社殿の移築が計画されている椿神明社の東側を、名古屋繁華街の道には珍しく、緩やかに蛇行しながら続いていく。川跡の道は、かっぱの街笈瀬川商店街としてにぎわいながら、現在ささしまライブとして生まれ変わったかつての笹島操車場の西端をよぎって、中川運河の水面に吸い込まれていく。

名古屋城築城の際には、その膨大な数の石垣石材の一部を、笈瀬川最下流を熱田西の伊勢湾から遡り、その後東側の台地上に引き上げられたという。そのため猿子橋・小栗橋付近の金毘羅《こんぴら》社や西日置の鹽竈《しおがま》神社には、合印の紋様が刻まれた（刻紋・刻印とも）石材が境内に残されている（高田祐吉『名古屋城石垣の刻紋』財団法人名古屋城振興協会、1999年）。笈瀬川は最下流域では中川と名を変え伊勢湾へと注いでいく。下流域の大半は近代名古屋の重要な物資の大動脈であった中川運河の水面が広がる。それでも、中川旧河道や自然河川であった徳佐川、庄内用水の中井筋の下流部やその支線などの暗渠・旧河道をたどる街歩きをすすめる動きがあり、これからの名古屋の暗渠・旧河道散歩の目玉となる可能性が高まっている。

5［江戸時代城下町の流れをたどる］台地を刻む街中の川跡—中区、紫川・烏川など—

名古屋の街中、とくに台地上の城下町一帯での旧河道探索は、なかなか一筋縄ではいかない。まずは、戦前・戦後の地図や、明治・大正期の地図を探し出すことから始まる。近代の重要な手掛かりとして、「地籍図」があり、さらに、江戸時代の絵図や地誌を紐解きながら探っていくのであるが、断片的な資料からだけでは、かつての川の姿を完全に復元することは難しい。そこで、名古屋市内の遺跡発掘調査による情報を加えることによって、少しでもかつての川の姿に迫ろうと試みている。すでに、台地上最大の谷と推測する「紫川」や「七志水川」については、別稿で紹介した（木村有作「紫川をめぐる三万年の旅路」『明治・大正・昭和名古屋地図さんぽ』風媒社、2015年）。

城下町の東、大曽根面低地の谷に

図9　烏川跡と推定される道（中区葵西蓮寺西側）

は、建中寺堀中の湧水を水源とし、尾張徳川家下屋敷の池泉から流れ出す流川《ながれ》があった。また、碁盤割北東部の水を集め、大曽根面に湧き出す烏が池、烏の清水からの流れを合わせるところから名づけられた烏川《からす》（図9）などが、整備された町並みを南北にながれ、現在の車道筋を旧河道とする新川とともに、熱田付近では精進川と名を変え、伊勢湾にそそいでいた。

図10　名古屋の旧河道復元図（木村 2008 に加筆）

水は低きに流れるのが自然であり、人々はさまざまな工夫で共存してきた。旧河道をたどるのは過去から未来へと続く歴史をたどる旅であり、暗渠めぐりはその旅にわくわくした気持ちをわき起こさせる貴重な体験なのである。

散歩しながら妄想建築のすすめ

上を向いてまちを歩こう！ 都心のメガストラクチャーを楽しむ

たとえば高速道路の橋脚に注目。バラエティに富んだフォルムを観察し、想像力を膨らませよう。都市の隠れたかたち・歴史を読み解くヒントが見えてくる。

図１　東片端の交差点のスケッチ。正面が外堀通りで、左が高速３号大高線方面。右が高速１号楠線。外堀通りの橋脚は白色のパネルに覆われスリムな造形。また高速３号方面にはJCTがあるため馬のような形の橋脚がたつ。各街路で高さが違うため、ねじれたカーブが３次曲線になっているのも迫力ある造形につながっている。

村瀬良太
（むらせ・りょうた）
鹿児島県生まれ。建築史家。著書に『あいちのたてもの』シリーズ、共著に『名古屋テレビ塔クロニクル』『結婚式教会の誕生』など。

鋼鉄の大蛇

名古屋の都心部に向かうと、必ずといっていいほど、名古屋高速道路の下をくぐることになる。今ではすっかりあたりまえの風景となっているが、じっくり眺めてみると、迫力のある面白いかたちをしている。

鉄骨造の高架が、地上10m以上の高さで大きくカーブしたり、二股・三股に分かれたり、上下にうねったりするさまは、まるで都心部でとぐろを巻く、鋼鉄製のヤマタノオロチだ。

名古屋高速道路の全線が開通したのは、２０１３年と比較的最近のこ

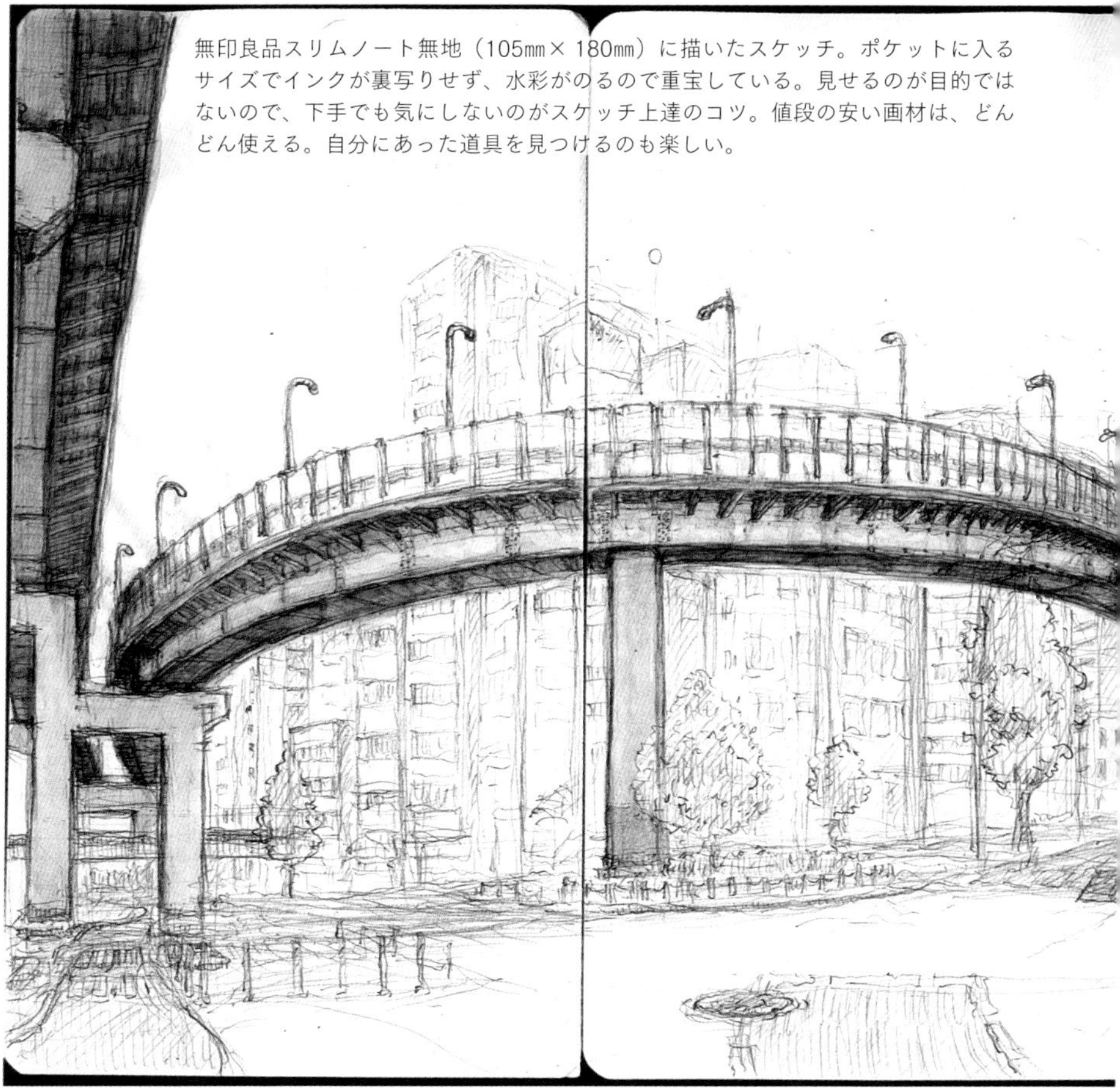

無印良品スリムノート無地（105㎜×180㎜）に描いたスケッチ。ポケットに入るサイズでインクが裏写りせず、水彩がのるので重宝している。見せるのが目的ではないので、下手でも気にしないのがスケッチ上達のコツ。値段の安い画材は、どんどん使える。自分にあった道具を見つけるのも楽しい。

とで、高度成長期以降に増大していった車の交通量と、それが引き起こす渋滞を緩和するため、１９７１年ごろから工事が始められた。名古屋高速道路公社が立ち上げられたのはその前年で、２０２０年に50周年を迎えている。

橋脚のかたち

田舎育ちの私は、都会の上空に架かる高架が好きで、今も憧れめいた感覚でその姿を眺めている。それらのかたちは一律のようでいて、通《とおり》によってかなり違う。特に橋脚のかたちには顕著にあらわれている。

例えば、それがよくわかるのが、名古屋市東区の東片端の交差点だ（図１）。ここは、都心部をぐるりと囲う都心環状線と、北の小牧方面に向かう高速１号楠線が交わる場所で、南に進むと大高方面に向かう高速３号大高線と直結している。

図2　高速３号大高線方面の馬形の橋脚。高さが異なる高架と、街路の広さ、また JCT の斜路の影響で、面白いかたちになっている。

外堀通の上空に架かる環状線の橋脚は単身の白い姿で、同色のパネルが下端を覆った高架を支えている。また、柱の頂部に梁がなく、橋脚と高架が一体化したスリムなかたちも特徴だ。

北に向かう高速1号楠線の橋脚は、高低差のある2本の高架を支えるため、片方の手が短い変形のY形をしている。いっぽう、直交する道路に向かい大きくカーブする高架を支える橋脚は、柱の角を大きく削った大面取《おおめんと》り風の八角形断面となっている。高架が交差する路線では柱頭のかたちがそれぞれ違うところや、足元がポケットパークのようになっていることもポイントだ。

それ以外にも、高速3号大高線方面に下る、街路を跨いで高低差のある高架を支える橋脚は、馬のようなかたちで面白いし（図2）、横断歩道の脇に立つイオニア式の柱頭風の橋脚もすらっとしていて美しい（図3）。

都市計画のアイコン

これらのかたちは、それぞれの通《とおり》の都市計画と深く関わっている。外堀通の高架と橋脚は、隣接する名古屋城の外堀への環境を考慮してスリムな断面にし、白色のパネルで覆うことで景観に配慮がなされた。ちなみにこの計画には、建築家の黒川紀章が携わり、デザインにも関与している。

また高速1号楠線のY形の橋脚は、街路がすでに戦後復興計画で整備され、これ以上拡幅ができないため、上下にずらした二層形式の高架を支えるかたちが選ばれた。高速3号大高線に下る馬形の橋脚は、ここが名古屋高速道路のジャンクションとなり、斜路が交錯するため、それに応じて高さの違う橋脚となっている。

このようなかたちの違いは至るところで見受けられ、いずれも街路の都市計画や景観に対応して出来上がっている。名古屋高速道路の高架や橋脚は、名古屋の都市計画を写す鏡のような存在で、複雑な背景を現した、都市のアイコンともみなせるのである。

名古屋高速道路物語抄

名古屋高速道路の計画は、1961年に愛知県と名古屋市が共同でおこなった基礎調査に遡り、それをもとに計画案がまとめられた。その概要は、交通が集中する都心から東名高速、国道41号、国道22号、東名阪自動車道、知多産業道路、名四国道を結ぶ、6方向へ放射状に高速道路を建設する、というものだった。

渋滞の激しかった南北方面に2路線を配し、東西には1路線を配した姿が、サの字を形成し、それを環状線（現302号線）が取り巻く構成となるため、㋚（マルサ）計画と呼ばれた。

当初、建設計画は10年間を予定していたという。ただ、社会状況や環境問題、住民の反対運動もあり、工事は難航した。東へ延びる高速2号東山線のように、高架で計画された道路が、地下もしくは半地下へ計画変更を迫られた区間もある。実は、東片端JCTと連結する外堀通の高架も、環境への配慮から、一時は半地下へと計画変更されていた。現在に見る、スリムな高架と橋脚のかたちは、もう一度高架化するために研究されて出来上がった姿なのである。

全長81・2㎞の名古屋高速道路が出来上がった背景には、そんな複雑な事情と、それに対処してきた多くの苦労が潜んでいる。

図３　東片端の交差点にたつイオニア式柱頭風の橋脚。独立してすっと立ち上がる姿が美しい。

街並みを分断する高架

名古屋高速道路を眺めたとき、もうひとつの顔にも触れなければならないだろう。それは、高架によって分断された街並みとの関係である。

先にも挙げた東片端JCTのあたりには、かつて下街道と呼ばれた古い道が通っていた。現在、その一部は鍋屋町通りとなり、喫茶ボンボンと1559年創業の鍋屋を皮切りに、昭和レトロの雰囲気が漂う街並みが東に向かって延びている。夕暮れ時に鍋屋町通りに佇むと、古めかしいネオンが夕日の差し込む街路に浮かび、通りは美しい黄昏時に満たされる。だが視線の先には、それを分断するように、名古屋高速道路の高架が街並みと無関係に中空を走っている。

もちろん、これはこれで面白い風景といえなくもない。そのいっぽうでは、分断された両者を連結させられるようなアイデアがないものか、とも思ってしまう。

妄想建築のすゝめ

ここでひとつ、散歩と繋がる「あそび」をオススメしたい。建築を生業にしていると、街中のいたるところに建築を建てることを妄想する。もちろん、名古屋高速道路の高架も、そそられるモチーフのひとつだ。

道路の真ん中を走る高架の下に建物を設計するとしたら、いったいどんなデザインができるだろうか。また、そこから見える風景はいったいどんなものなのだろうか。そんなことを妄想して、高架下や街路、歩道橋の上を行ったり来たりし、高架のかたちをスケッチし、そこに接続させる建物をイメージするのである(図4)。

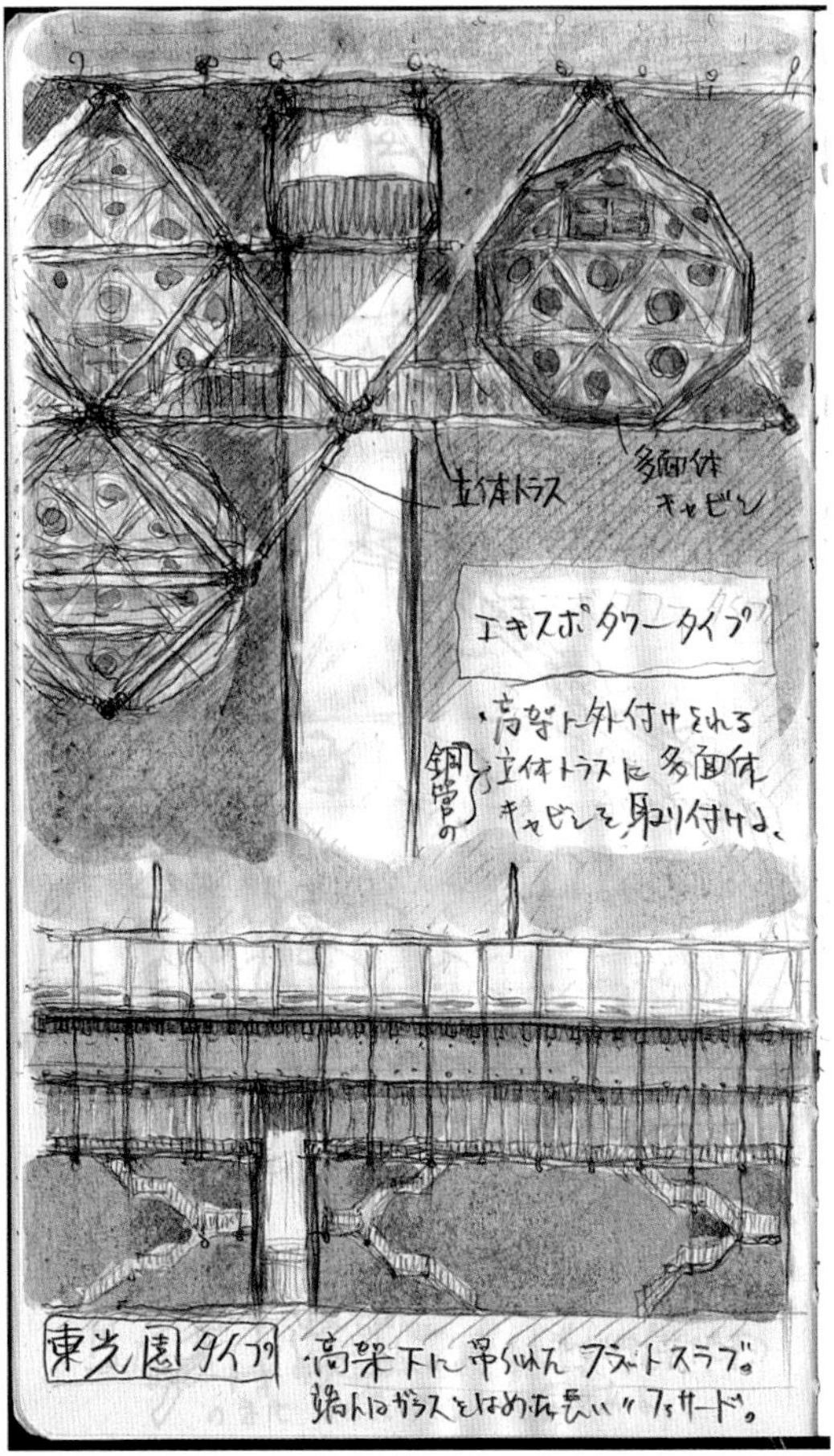

図4　高架下に取り付くカプセル案のスケッチ。上が大阪万博の「エキスポタワー」、下がホテル東光園をモチーフにしたもの。いずれもメタボリズムの建築家菊竹清訓の案。

冷静に考えると、危ない人に見えなくもないが、気にしてはいけない。実現のアテなどないが、これがけっこう楽しい。

メタボリズム礼賛

ところで、高架と建築をつなげる

妄想は、かつて高度成長期に日本建築界の俊英たちがはじめた建築運動「メタボリズム」を連想させる。

メタボリズムは、もともと生物学用語で新陳代謝を意味し、1960年代に建築家の丹下健三を中心に若手の建築家や批評家、デザイナーたちが集まって、新しい建築および都市デザインとして提唱された。

メタボリズムの建築的な代表作には、黒川紀章の「中銀カプセルタワービル（1972）」があり、名古屋では柳英夫の「チサンイン名古屋（1973）」（図5）、また、槇文彦の「名古屋大学豊田講堂（1960）」のデザインにもその影響を伺うことができる。

図5　チサンイン名古屋外観。鉄筋コンクリート造の構造体に、各部屋がみっちりとはめこまれている姿が、とうもろこしのような印象を受ける。

メタボリズムの骨子は、建築や都市が有機的かつ統制されて成長していくシステムの生成にあり、それはメガストラクチャーとカプセルのかたちをとって表現された。

名古屋高速道路の高架を見上げていると、メタボリズムのデザインを再利用してみたい気がする。そこには、高度成長期に向けて突き進んでいた、輝かしい未来への夢と通底するものがあるからだ。

名古屋のまちを縦横に走るメガストラクチャーに、さまざまなかたちのカプセルが取り付いて賑わいと彩りを添える姿は、分断された街並みをつなぐ新しい景観への発想を与えてくれるかもしれない。そんな妄想を抱いて高架を眺めると、わくわくする。

まちの違和感を散歩の途中に見つけることは楽しい。それを掘り下げることが、まちを読み解くきっかけになるかもしれないからだ。散歩はまちと繋がり、まちをよく知るための入り口と言えるのかもしれない。

協力：名古屋高速道路公社
名古屋市市政資料館

街なかの反射光でできる不思議 嘘《うそ》影《かげ》fake shadow を観察する

儚げで今にも消え入りそうな影。言われてみれば見たことがある…でしょう？ 純粋に影のうつろいを楽しんだり、光の来歴を考察するのも楽しい。

図1　桜通伏見付近で見かけた自転車のうそかげ

図2　桜通伏見付近で見かけた自転車（図1とは別）のうそかげ

山本耕一
（やまもと・こういち）
京都市生まれ。職業は画家だが、卒業は文学部で、哲学を専攻していた。最近はハイデガーにはまっている。野外活動研究会会員。

「うそかげ」ってなに？

「うそかげ」は影の一種である。ただし、反射光でできる影……これを、私は「うそかげ」と呼んでいる。漢字で書けば「嘘影」。英語だと「fake shadow」とか「pseudo shadow」とかになるのだろうか。

図1と図2は数年前に、名古屋の桜通伏見付近で見かけた「うそかげ」。歩道に置かれた自転車のただの影……に見えるが、実は、太陽光線が向かいのビルに当たり、その反射光が道路を渡ってできた「うそかげ」なのである。

桜通は名古屋の中心部を東西に走

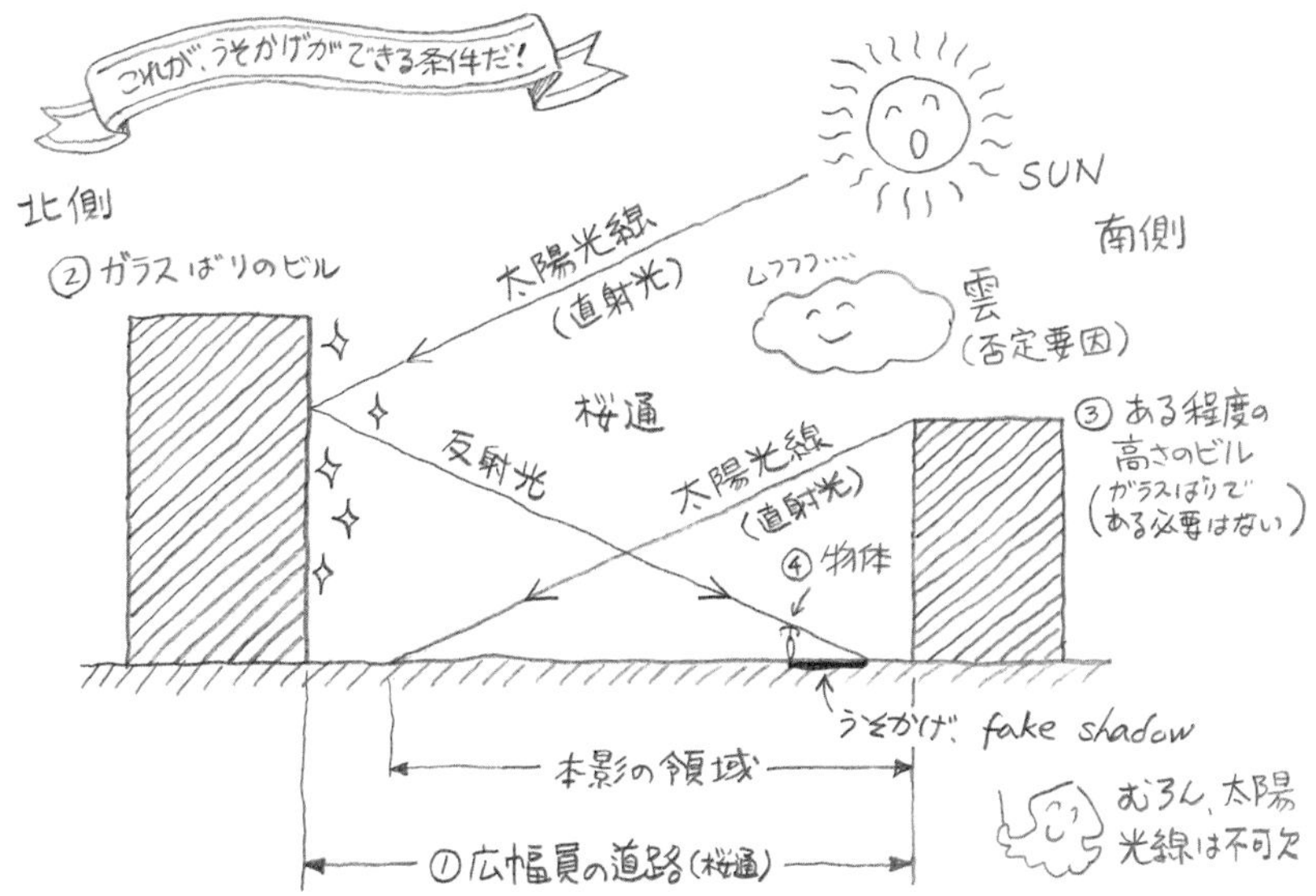

図3　うそかげができるしくみ。①〜④の条件が満たされるとき、美しいうそかげが……!?

る広幅員の道路である（図3）。北側にあるガラス張りの高層ビルに太陽光線が当たると反射光は道を横切って、南側の歩道にさしこむ。よく晴れた日にはこの反射光が意外に強くなるが、直接光にはかなわない。したがって、南側にも、直接光を遮る高いビルが必要である。

こういう条件が揃うと、「うそかげ」が現れる（再び図1）。くっきりとはしているが、なにかがオカシイ……あえていうなら、どこかはかなげで頼りなく、弱々しい……まさに、これが「うそかげ」。「影」自体が実体がない、いわば「ウソ」のものなのに、「うそかげ」はそれに輪をかけて実体感がない。なにか、この世のものとも思われない「はかない風情」……これが、「うそかげ」の特徴である。

うそかげがきれいにできる条件（図3）。①まず、幅員がかなり広い道路が必要。②この道の片側に、窓ガラスが大きいか、全面ガラス張りのかなりの高さの建物がある。③反対側にも直接光をさえぎるだけの高さの建物がある。④うそかげを生む物体（自転車とか街路樹とか）。さらにいうなら、日脚の長い冬の日。これだけの条件が整うと、よく晴れた日にはみごとなうそかげが現れる。

広幅員の道路にガラス張りの高層ビル。これはやはり現代に特有の光景であろう。カーテンウォール工法。鉄骨で骨組みを造り、外壁をカーテンのように垂らすことによってつくられる現代の高層ビル。うそかげは、現代という「虚の時代」？が生みだしたはかない存在……ともいえそうだ。

交差する二つの影

図4、5は、名古屋市の中心を南北に貫く幅員百メートルの久屋大通りの中央にある公園（通称エンゼルパーク）への連絡階段である。ここに交差する美しい光と影……これは、本物の太陽光線によってできる影（本影ともいおうか）と沿道のビルの壁面からの反射光によってできる「うそかげ」が90度に交差した、めずらしい？写真である。

図6はこの階段を昇りきってエンゼルパークに入る部分であるが、ここは直接光が樹木に遮られているので、反射光によるうそかげしかできていない。この、いまにも消えいりそうなふしぎな風情……これは、う

図4（右上）、図5（左上）エンゼルパークへの連絡階段に現れた本影とうそかげの交錯。画面左手前から右奥に伸びるのが本影、右手前から左奥に伸びるのがうそかげである。うそかげが直接光によって分断されている様子がよくわかる。階段の左側の手摺が直接光による本影を生み、右側の手摺が反射光によるうそかげを生む。

図6（右下）この部分は、直接光が遮られているので反射光によるうそかげしかできていない。しかし、画面の下の方には直接光が淡く射し、かすかな交錯が見られる。

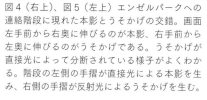

そかげ特有のものだ。よく見ると、画面の左下の部分に2カ所、明るい部分があるが、これは樹木を抜けた直接光の木漏れ日であろう。

図7はエンゼルパークから東側の車道を見下ろした写真。車道のほぼ全面にエンゼルパーク側の常緑樹の影が広がり（これは本影）、そこに沿道のビルに反射した光による歩道の落葉樹の葉の落ちた枝が美しい「うそかげ」を編み広げている。

この現象は、実は、少し前の都市公園の設計思想と大きな関連を持っている。昔の都市公園の多くは周囲がクスなどの常緑樹で囲まれていた。これに対し、歩道にはケヤキなどの落葉樹がよく植えられた。この写真の季節は冬で、直接光を受けた公園の常緑樹はその濃い影を車道につくり、そこに反射光が落葉樹の葉の落ちた樹型を「うそかげ」として投影する。一見、なんでもないように見える路上に、百メートル道路という名古屋特有の都市構造と、常緑樹と落葉樹という公園と歩道の設計思想が交錯して、この、実はふしぎな光景が生みだされている。

図8は名古屋の伏見地区でみかけ

図7　エンゼルパークの東側の車道。樹木によるうそかげが展開されていた。

図8　名古屋市の伏見地区のビルの壁面に現れた「うそひかり」の行列。この「うそひかり」をつくったビルの窓の四辺は直線のはずなのに、うそひかりの方の四辺は湾曲して映しだされている。これはなぜだろうか？　風圧でガラスが歪むのか、それとも元々ガラスの面が少し歪んでいるのだろうか？……規格寸法でばっちり造られた工業製品のはずなのに、その射影（というか射光）がこれだけさまざまにゆらぎ、いろんな色彩をまとうように見えるのもおもしろい。なにかを語りかけている記号の列のようにも見えてくる。

たビルの壁面である。窓のないビルの壁に、少し歪んだ正方形や長方形の光の列が現われる。見ていると、この光は薄くなり（図9）、消えてしまった（図10）。これは、うそかげならぬ「うそひかり」（fake light ?）という現象で、向いあったビルの窓に反射した光が影になったビルの壁面に映しだされているのだ。雲が太陽を遮るとこの「うそひかり」もすっと消えてしまう。太陽がさすとまた現われる。見ていてあきない。とても美しい……これまでは、名古屋の事例を見てきたが、最後に京都で見た事例をひとつ。図11は、今年（2021年）になって、京都市の中京区で見た「うそひかり」。これは、狭い道を横切るようにくっきりと現れていた。マンホールの幅とほぼ同じ光の帯……ふしぎだ。

月影……そしてダイソン球

「うそかげ」はいつごろからあったのか……ガラス張りの高層ビルの歴史は、カーテンウォール工法で約100年、ロンドンの水晶宮まで遡っても170年であろうが、実は、それよりはるか昔から人類は「うそかげ」を知っていた。それは、月影。これこそが「うそかげ」の元祖である。

図９　太陽が雲に隠れはじめると、このうそひかりの列も急速に薄くなる。冬だったので、あたりも急速に寒くなっていく……。

図10　うそひかりは完全に消え、あとには冷たいビルの壁面が残されるのみ。このとき、なにか異世界からの通信がストンと途絶えてしまったような喪失感？があった。

人は、「月の光」の中に、なにか昼にはない神秘的な響きを聴く。この、静かな青い光に照らされて、地上にはみごとな「うそかげ」が生まれる。

昔読んだマンガ（山岸凉子『妖精王』）に、「月影の窓を開く」というシーンがあった。ある夜、主人公の寝室の壁に現われる「月影の窓」。それは、妖精の世界への入口だった……人々は、昼の太陽の光にできる影とは明らかに違うものを、月の光の影に感じていたのだろう……月は、38万kmかなたの宇宙空間に浮かぶ巨大な「うそかげ発生装置」である。月は、巨大な鏡となって、人類に、太陽の光とは別の光、そして別の影を教えていた。

図11　京都市の中心部を歩いていたときに、狭い通りで発見したうそひかり。画面には写っていないが、左の方に小さなビルがあり、壁面のごく一部がガラス張りになっていた。おそらく階段室なのであろう。その、縦に並んだガラスの列が画面の向こう側から射す太陽の光を受けて、路上にうそひかりの列をつくる。道が狭いので、このうそひかりは道を完全に横切って、まるで歩道のマークのように伸びている。左側で、マンホールと完全に重なったのは偶然であるが、なにか「巧まざる手」が働いているようにも感じる。ソーダガラスの青を反映したのか、青味がすっきりとしたうそひかりであった。

そして未来。物理学者のフリーマン・ダイソンが考えた「ダイソン球」。太陽系全体を内側が鏡張りの巨大な球で覆ってしまおうという壮大なアイデアで、これにより太陽の発するエネルギーのほとんどを宇宙に逃がすことなく「有効利用」できるようになる。こうなると、夜空は、壮大な「うそひかり」でうめつくされる。当然、月光の影とは比べものにならない強烈な「うそかげ」もできるだろう……

いや、しかし、反射光はあらゆる方向からくるから、「うそかげ」のできる余地もないかもしれない。昼も夜も、直接光＋反射光が降り注ぎ、「影の消滅した世界」となってしまうかも……そんな世界は想像するだにおそろしい。「月影の窓」は妖精の世界に通じる路を開いたが、「無影の窓」は、はたしてどんな世界を開くのだろうか……

想像は、路上から、いつのまにか天空の彼方に飛んでしまった。哲学者タレスは、天上の星々を見ながら歩いていて、井戸に落ちたという。人は、やはり路上を見ながら歩くのが無難である。そうすれば、そこに、もしかしたらとても美しい「うそかげ」を発見するかもしれない……。

吟行のすすめ

季節のうつろい、人々の暮らし 名所・旧跡が育んだ豊かな時間を体感

「俳句」を読むために、町へ、公園へ、名所・旧跡へ…。見慣れた風景も、句作を目的に風景を詠めば、新しい発見がそこここに。あなたもやってみませんか。

武藤紀子
（むとう・のりこ）
石川県生まれ。俳句結社「円座」（創刊）主宰。句集に『円座』『朱夏』などがある。2019年「全国俳誌協会第八回編集賞」受賞。現代俳句協会東海地区理事。

俳句を詠むためにぶらぶらと歩くのを「吟行する」と言う。

吟行に必要なものは簡単なものだ。見たものを書きとめるための句帳というい小さなノートとボールペン。それに歩きやすい靴。吟行する場所も名所旧跡などのたいそうな所はいらない。近所の公園とか川や池などから始めてみよう。雀やからすや燕や鴨などの鳥たち、猫や蜥蜴や蜘蛛やかたつむりを見ても一句を詠むことができるのだ。

難しく考えないで、まずは外へ出かけてみよう。

下郷家の門前にて

鳴海は俳諧の町である

星崎の闇を見よとや鳴く千鳥　芭蕉

名鉄「鳴海」駅を降りると扇川が流れている。海に近いせいか潮の匂いがする。橋を渡り本町の交差点に誓願寺がある。寺の前のなんでもないくねくねした道が東海道なのだ。鳴海は東海道五十三次の四十番目の宿場町だった。誓願寺には芭蕉像を祀る芭蕉堂がある。ふだんは見られないが、お寺に頼むと見せてくださる。今では裏に大きなビルが立ち東海道は車が行き交う。けれど江戸時代には馬や駕籠に乗る旅人たちが往き交って賑わっていたのだった。

　寺の境内には大きな美しい松の木があり、本堂の白障子と絶妙のコントラストが印象的だった。大きな屋根の瓦がきらきらと光って、往時をしのばせていた。

　どこからか金木犀の良い匂いがしてくる。芭蕉もこの匂いをかいだのだろうかとふと思った。水桶と花を持った墓参の人と擦れ違った。

芭蕉堂
中に芭蕉像が祀られている。

誓願寺
松の木と屋根が美しい。

黄色い金木犀の花

鳴海の町の中心部に、やはり東海道に沿って「下郷家《しもざとけ》」という旧家がある。この家こそ「鳴海俳諧」の中心であった。

下郷家は江戸時代初期から豪族で代々村役人を勤めていた。「千代倉」という家号で酒造業を営み、船で江戸まで酒を出荷して財をなしていた。下郷家の二代目当主、俳名知足が文人で芭蕉を師と仰ぎ、鳴海六人衆を率いていた。本陣当主や問屋場の主人、寺の住職や刀鍛冶など「鳴海六俳仙」と呼ばれる人々と師匠の芭蕉と幾たびも句座を共にしていたのだ。

下郷家の門前にはすばらしい松と槇の木がある。門の格子から覗くと広い庭が見え奥に大きな倉があった。下郷家は知足の頃から芭蕉や西鶴をはじめとして多くの文人と交流があり、この倉には貴重な資料がつまっているという。下郷家はしんと静まり、ほのかに香の匂いが漂っていた。

下郷家
門前より倉が見える

下郷家の「千代倉」(酒造家としての名)

成海神社を過ぎ道をのぼってゆくと「千鳥塚」に着いた。
「星崎の闇を見よとや鳴く千鳥」の芭蕉の句を記念して建立された。今では埋め立てなどで海は遠くに去ってしまったが、江戸の頃は鳴海と熱田の間の東海道は海に沿う道だった。千鳥の声が聞こえていたのだ。

芭蕉は自分の句の句碑を建てられるのを嫌っていた。現在日本中にある句碑は全て死後に建てられたものなのだ。ただこの千鳥塚だけが芭蕉の許可を受け生前に建立されたのだ。

大きな榎の木の下に、その小さな千鳥塚はあった。知足をはじめとする鳴海六歌仙の名が刻まれている。

師芭蕉と共に六人の鳴海衆がこの丘にのぼり、共に千鳥の声を聴き、暗い海をながめていたのだ。

風が吹いて榎の葉がざわざわと騒いでいる。玉虫は榎を好むという。夏に来て美しい玉虫を探してみたい。

鳴海には私の俳句の師宇佐美魚目の家がある

魚目の忌近し鳴海は椎の秋　紀子

おわりに

身近な郷土発見というテーマで、だれもが参加でき意義あるレポートが書けるのは、自宅から1㎞圏内の散歩観察であり、自分の趣味、関心事についての景観描写である。

こうした一見限定的な小さな世界の紹介ではあったが、それが名古屋という地域を超えた全国のいずれの町でも、大都会でも過疎地でも島嶼でも、同様の「ご近所さんぽ」案内が書けるはずである。

本書を編集してみて、各執筆者が個々の身近な世界を記述されていることには違いないが、それが単に個別な特殊事例の範囲にとどまるのではなく、名古屋大都市の都市構造に繋がる内容であったり、日本全体の環境史に言及する内容であったりしている点、言い換えれば小さな世界から大きな世界を語っていることも、強調しておきたい。

一例をあげれば、木村氏の暗渠・旧河道を辿ってどうなるかと思いきや

「川底をのぞけば、白っぽい粘土が露出しており、陶器の原料が比較的容易に入手できたことを教えてくれる」とあり、古墳時代の古窯跡であったという歴史を語っている。暗渠・旧河道をたどるのは過去から未来へと続く歴史をたどる旅であり、わくわくした気持ちを抱かせてくれる。

こうした町歩きレポートの作成にあたって、冒頭の駒田カメラマンの一言「カメラを持って見知らぬ路地を歩いていると、挨拶を交わしたり、温かい声を掛けていただけるのも嬉しい」は執筆者全員の偽りのない気持ちである。ご近所の皆さま、ありがとうございました。

［著者紹介］（50音順）
加美秀樹（かみ・ひでき）文筆家・写真家・美術家
木村有作（きむら・ゆうさく）名古屋城調査研究センター
木村雄二（きむら・ゆうじ）NPO市民・自転車フォーラム理事長
駒田匡紀（こまだ・まさき）カメラマン
阪口泰子（さかぐち・やすこ）名古屋市南陽図書館
富田啓介（とみた・けいすけ）愛知学院大学教養部准教授
永田 孝（ながた・たかし）半田東高等学校教諭
武藤紀子（むとう・のりこ）俳人
村瀬良太（むらせ・りょうた）建築史家
山本耕一（やまもと・こういち）野外活動研究会会員

［編著者紹介］
溝口常俊（みぞぐち・つねとし）
1948年、名古屋市生まれ。1979年、名古屋大学大学院文学研究科博士課程単位取得退学。現在、名古屋大学名誉教授。専門は歴史地理学、地域環境史、南アジア地域論。博士（文学）
主な著書・論文に『日本近世・近代の畑作地域史研究』（名古屋大学出版会、2002年）、『歴史と環境—歴史地理学の可能性を探る』（編著、花書院、2012年）、『古地図で楽しむなごや今昔』（編著、風媒社、2014年）、『明治・大正・昭和　名古屋地図さんぽ』（監修、2015年）、『古地図で楽しむ尾張』（編著、風媒社、2017年）、『名古屋の江戸を歩く』（風媒社、2021年）、『名古屋の明治を歩く』（風媒社、2021年）などがある。

装幀／三矢千穂

名古屋《なごや》ご近所《きんじょ》さんぽ

2021年10月25日　第1刷発行　（定価はカバーに表示してあります）

編著者　溝口 常俊

発行者　山口 章

発行所　名古屋市中区大須1丁目16番29号
電話 052-218-7808　FAX052-218-7709
http://www.fubaisha.com/
風媒社

乱丁・落丁本はお取り替えいたします。　＊印刷・製本／シナノパブリッシングプレス
ISBN978-4-8331-0199-8